교훈과 감동을 주는
배꼽유머

지은이 **나상길**

교훈과 감동을 주는
배꼽유머

초판 1쇄 2021년 10월 30일
초판 4쇄 2025년 4월 30일

지은이　　나상길

펴낸곳　　해피&북스
발행인　　이규종
등록　　　제10-1562호(1985.10.29)
주소　　　서울시 마포구 신수동 448-6
전화　　　02-323-4060, 6401-7004
팩스　　　02-323-6416
이메일　　elman1985@hanmail.net

ISBN　　979-11-981192-5-4

값　　　　16,000원

* 이 책에 대한 무단 전재 및 복사를 금합니다.
* 잘못된 책은 바꾸어 드립니다.

교훈과 감동을 주는
배꼽 유머

나 상 길 지음

해피&북스

교훈과 감동을 주는 배꼽유머를 쓰면서

필자는 어려서부터 유머러스한 성격으로 남을 웃게 했던 기억이 지금도 생생하다. 웃음치료사로 대학 강단에 서면서 수강생들에게 유머명강사로서 강의를 재미있고 멋지게 할 수 있도록 최선을 다 하고 있다.

재미만 있다고 좋은 유머라고 할 수는 없다. 요즘 유행하고 있는 저질 유머는 한 번 들을 때는 재미있다고 웃을 수 있으나 자칫 그 유머에 중독되어 강사 자신의 수준을 저하시키는 위험성이 있음을 알아야 한다.

그러므로 유머에는 그 내용마다 고유의 교훈이 있어 깨달음과 함께 재미가 있어야 한다는 것을 늘 강조하고 있다가 이번에 교훈과 함께 하는 배꼽 유머집을 쓰게 되었다.

많은 사람들은 유머는 선천적인 유머 유전자가 있는 사람들의 소유물로 생각하는 고정관념에 빠져서 자신은 불가능하다고 생각하고 있었다.

그러나 한 마디로 아니다. 후천적이지만 적당한 훈련과 연습으로 누구나 유머를 가지고 재미있는 인생으로 탈바꿈 하여 인생살이의 무수한 어려움 속에서도 건강하고 행복하게 살아갈 수 있다.

단순히 재치 있는 말이나 대화에서 벗어나 대중 앞에서 강의를 하는 사람이라면 딱딱하고 지루한 강의보다는 유머 강의는 약방의 감초와 같은 선택이 아니라 필수적인 것이 되었다.

　더구나 내용에 따라 적절한 교훈과 함께 건강상식을 전달함으로서 듣는 사람으로 하여금 흥미와 재미로서 기억에서 지워지지 않는 훌륭한 강의로 탈바꿈되어 일류강사로 많은 사람들을 웃기고 나아가 자신의 위치를 명강사로 확고하게 자리매김하는 기회가 되기를 바란다.

　더러는 부족하고 모자란 점도 있으나 이해하여 주시고 지적하여 주시면 감사히 수용하도록 하겠습니다.

　모쪼록 독자 여러분들이 이 책을 읽고 더욱 유머러스한 인생으로 세련되게 사시게 되시기를 바랍니다.

―― **지은이 나 상 길**

1. 스트레스를 확 풀어주는 유머

1. 보온병 … 18
2. 면접 보는 맹구 … 20
3. 학교 가기 싫단 말이야 … 23
4. 엽기 선생님 … 26
5. 사모님 … 28
6. 여자 … 30
7. 분만실 앞서 … 32
8. 식인종이 사람을 보고 … 34
9. 기립 박수 … 36
10. 모범 남성 … 38
11. 착각 … 40
12. 목욕하는 중 … 42
13. 김나나 봐? … 44
14. 콜라 한 캔 700원 … 46
15. 왕복 길의 거리 … 50
16. 사랑의 독주 … 52
17. 담배를 피우려면 … 54
18. 개 짖는 소리 … 58
19. 머리 좋은 학생 … 60
20. 콜라의 비밀 … 62
21. 유산 … 64
22. 링컨의 어린 시절 … 66
23. 송년미사 … 68
24. 티코의 주차금지구역 … 70
25. 모차르트 … 71
26. 한국 아줌마 … 72
27. 딸꾹질 … 72

2. 노인을 풍자한 유머

1. 카이스트 **76**
2. 억만장자의 결혼식 **78**
3. 할머니의 부탁 **80**
4. 고추부대 **82**
5. 시어머니의 메모지 **84**
6. 짐 값은 무료 **86**
7. 할아버지의 소원 **88**
8. 2,500원부터 다 봤어 **90**
9. 경상도 할머니 **92**
10. 치악산에 갔다 **94**
11. 신 노인 5불출 **96**
12. 남자들 치매 증상 **97**
13. 수단 좋은 판매원 **99**
14. 같이 가, 처녀! **101**
15. 의사도 못 살리는데 **103**
16. 머리 좋은 할머니 **105**
17. 한 마에 뽀뽀 한 번 **107**
18. 임자 오면 주지 **109**
19. 다리 나이는 동갑 **111**
20. 새끼손가락이 할 일 **113**
21. 천생연분 **115**

3. 교훈이 되는 유머

1. 형의 반바지	**118**
2. 무학 대사와 이성계	**120**
3. 특별한 선물	**122**
4. 말 하는 저울	**124**
5. 내일은 공짜	**126**
6. 식인종	**128**
7. 초코렛 갑	**130**
8. 대한민국 만세	**132**
9. 치한 퇴치 방법	**134**
10. 벼슬	**136**
11. 간장의 맛	**138**
12. 엉큼한 병사	**140**
13. 낙하산	**142**

4. 가정유머

1. 뱃사공의 아들 **146**
2. 변해가는 마누라 **148**
3. 첫사랑 **150**
4. 남편자랑 **152**
5. 차이 **154**
6. 강아지와 남편의 공통점 **156**
7. 강아지보다 편리한 점 **156**
8. 그래도 강아지가… **156**
9. 부부 사이가 좋은 비결 **157**
10. 주식과 결혼의공통점 **158**
11. 난 유부남입니다 **159**
12. 엄마거나 보여줘 **161**
13. 3시오, 일어나세요? **163**
14. 개 보고 친척? **164**
15. 거지 **166**
16. 당신이 뭘 알아? **167**
17. 여자가 질투하는 여자 **168**
18. 돈 받고 하는 키스 **170**
19. 아이의 사투리 **172**
20. 넌센스 퀴즈 **173**

5. 유명인사의 유머

1. 오천만이 기뻐할 일 **180**
2. 처칠의 유머 1 **182**
3. 처칠의 유머 2 **184**
4. 처칠의 유머 3 **185**
5. 처칠의 유머 4 **186**
6. 처칠의 유머 5 **188**
7. 정치가의 냄새 **191**
8. 국회의원과 마누라 **193**
9. 링컨의 유머 1 **195**
10. 링컨의 유머 2 **197**
11. 링컨의 유머 3 **199**
12. 레이건의 유머 1 **200**
13. 레이건의 유머 2 **202**
14. 클린턴의 유머 **204**
15. 힐러리의 유머 **205**
16. 거지와 정치인의 공통점 **207**
17. 수의사 **209**
18. 저 자식 **211**
19. 마가렛 대처의 유머 **213**
20. 정치인과 일반인의 차이 **215**
21. 정치인과 거지 **216**
22. 대한민국이 펄쩍펄쩍 뛴다 **217**
23. 정치인과 천국 **219**
24. 4등 칸이 없어서 **220**
25. 아인슈타인의 유머 **222**
26. 정주영의 유머 **224**
27. 정치인과 남편의 공통점 **226**

6. 위트와 유머

1. 바지 지퍼 228
2. 왕진료 230
3. 아메리카 231
4. 119가 몇 번이냐? 232
5. 중딩의 이유 있는 반항 234
6. 놀부 댁 236
7. 회복실에서 237
8. 버스기사의 승리 238
9. 보기드믄 현상 240
10. 기막힌 안내판 242
11. 군대 간 아들 244
12. 신세대들의 속담 247
13. 미용실 249
14. 음식점 249
15. 시골길과 스님 251
16. 백만 번째 손님 253
17. 치과의사 255
18. 사랑 고백 257
19. 운전면허시험 258
20. 운명적인 만남 259
21. 북한에서 불알은? 260
22. 실내화 261
23. 유괴 수법 262
24. 양반 김 262
25. 한 개만 네 꺼 263
26. 앵무새 264
27. 애인과 알바의 공통점 265
28. 남자들의 착각 265
29. 거꾸로 읽으면 266
30. 꼬마 아들이 대통령이 되면 267
31. 결혼을 위해서 268
32. 남편이 한 짓 268

33. 학과별 파리 죽이는 방법	**269**
34. 지각	**270**
35. 선생님에게 없는 것	**271**
36. 끊기로 했다네.	**272**
37. 약물복용	**274**
38. 참새 시리즈 (1960년대)	**275**
39. 참새의 분노	**276**
40. 남자가 여자를 무서워 할 때	**277**
41. 응급조치	**278**
42. 나를 닮았어.	**279**
43. 맞는 열쇠가 없어서	**280**
44. 의사의 허세	**282**
45. 가나봐라, 가나봐	**283**
46. 버스기사의 위트	**284**
47. 오대양 육대주	**285**
48. 누가 우물에 앉아있어요.	**287**

7. 분위기를 반전시키는 유머

1. 주례비 **292**
2. 꼬마의 재치 **294**
3. 엽기 스님 **296**
4. 맛있는 닭고기 **298**
5. 세 여자 **300**
6. 사오정과 노처녀 **302**
7. 앞문이 열렸어요 **303**
8. 웃기는 놈이 더 나빠 **305**
9. 갑부가 가진 비밀 **307**
10. 아이의 제삿날 **309**
11. 기발한 경고문 **311**
12. 화장실과 전화 **313**

8. 직장을 비유한 유머

1. 월급이 얼마인가?	**316**
2. 수금사원	**318**
3. 술만 마시면	**320**
4. 머리 좋은 여인	**322**
5. 호떡값이 올랐어요	**325**
6. 사장의 유머	**327**
7. 운동화가 만원	**328**
8. 죄책감	**330**
9. 밟지 마시요	**332**
10. 음성인식 휴대폰	**334**
11. 오해	**336**
12. 진돗개 장례식	**338**
13. 지붕 위로 올라갔음	**340**

9. 크리스챤 유머

1. 현모양처 **344**
2. 아는 척 이라도 **346**
3. 노처녀의 기도 요청 **348**
4. 가장 명예로운 손님 **350**
5. 잃어버린 염소 **352**
6. 우체국과 10만원 **354**
7. 그게 너였냐? **356**
8. 로또 당첨 **358**
9. 웃음 **360**
10. 연보 **362**
11. 아멘의 능력 **364**
12. 건강식생활 **366**
13. 어느 불평불만 자 **369**
14. 세례의 효과 **371**
15. 식인종과 못 먹는 사람 **373**
16. 농담 **374**
17. 천 년이 하루 같고 **376**
18. 할례 **378**
19. 세 종류의 성도 **380**
20. 물 부었네 **382**
21. 오른편 뺨 **383**
22. 목사 사모의 재치 **385**
23. 웃기는 심방 **387**
24. 집 주인 **389**
25. 거짓말 **391**
26. 발 치워! **393**
27. 독립운동가의 소원 **395**
28. 기도 **398**

# 1. 스트레스를 확 풀어주는 유머

1. 보온병

맹구가 백화점에서 쇼핑을 하고 있었다.
그의 눈에 은빛 찬란한 물건이 보였다.
맹구 : "이것이 뭐예요?"
주인 : "보온병이예요."
맹구 : "그게 뭐하는 거예요?"
주인 : "뜨거운 건 뜨겁게 보존해 주고, 차가운 거는 계속
        차갑게 해 주는 물건이지요."
맹구는 그 물건을 사서 신나게 집으로 왔다.

그 이튿날 학교에 가지고 갔더니
학생들이 보온병을 보고 그게 뭐냐고 물었다.
학생 : "맹구야, 그게 뭐냐?"
맹구 : "응, 보온병."
학생 : "그게 뭐하는 건데?"
맹구 : "뜨거운 건 뜨겁게 유지 해 주고 찬 건 계속 차갑게
        해 주는 거야."
학생 : "그러면 그 속에 무엇을 넣었는데?"
맹구 : "응, 이 속에 콜라 한 병과 커피 두 잔을 넣었지."

＊ 사전적 의미로서 유머는 익살스러우면서 품위 있는 농담과 해학이란 뜻을 가지고 있다. 또한 유머는 이웃에 대한 냉소, 조소, 등과 같이 적의와 경멸의 감정이 담겨있는 웃음과는 엄격히 구분된다.

웃음은 이세상 어떤 병에도 특효인 명약입니다. 꾸준한 노력과 관심은 상처받은 가슴을 치유하고 행복이라는 씨앗이 자라게 합니다.

위트와 유머는 장벽을 무너뜨린다

무겁고 우울했던 분위기가 이들의 말 한마디로 기분을 풀어주고 즐겁게 해 주며 대화의 장벽을 풀어주기 때문이다.

위트나 유머는 누구에게나 그냥 생겨나는 것이 아니다.

평소 책이나 정보매체를 통해 기록해 놓거나 머릿속에 담아 놓은 지식이나 이야기 거리를 순간순간 적절히 이용하는 재치가 있어야 한다.

2. 면접 보는 맹구

철수와 맹구가 면접시험을 보러 갔다. 맹구의 실력이 별로 좋지 않은 것을 아는 철수는 자신이 먼저 면접을 본 후 면접관이 물어 본 것을 가르쳐 주기로 하였다. 철수가 먼저 면접관 앞에 앉아서 면접관의 질문에 대답했다.

면접관 : "축구 선수 중 누구를 가장 좋아 합니까?"
철 수 : "예전에는 차범근을 좋아 했었지만 지금은 박지성을 좋아하게 되었습니다."
면접관 : "그러면 산업혁명은 어느 때 일어났습니까?"
철 수 : "18세기 말입니다."
면접관 : "마지막 질문입니다, UFO가 있다고 믿으십니까?"
철 수 : "과학적으로 입증되지는 않았지만 아마 그럴 것으로 믿습니다."

철수는 면접이 끝나고 맹구에게 친절하게 질문과 답을 알려주었다. 맹구가 면접관 앞에 앉았다. 그런데 이번에는 면접관이 다른 사람으로 바뀌어 있었다.

면접관 : "당신의 이름은 무엇입니까?"
맹 구 : "예전에는 차범근을 좋아 했었는데 지금은 박지성을 좋아 하게 되었습니다."

면접관 : "그럼 언제 태어났나요?"

맹　구 : "18세기 말입니다."

면접관 : "당신 바보요?"

맹　구 : "과학적으로 입증되지는 않았지만 아마 그럴 것으로 믿습니다."

웃음으로 불안과 공포에서 해방!

* 불안과 공포를 느끼게 되면 우리 뇌에서 아드레날린(공격 호르몬)이 급격히 분비된다.
* 이때 우리 몸은 전쟁모드에 돌입하여 혈관이 수축된다.
* 웃음으로 생성된 베타 엔도르핀이 아드레날린에 작용하여 맹독을 중화, 소거해 몸의 평화를 갖게 한다.

＊ 매너 있는 유머의 활용은 경쟁력을 높이게 된다. 비즈니스에서도 유머감각이 필수인 시대가 되어있다. 직장인들은 능력이 있으면서도 엄격하게 굴지 않고 유머감각이 겸비하여 우스갯소리를 잘 하는 상사나 동료를 선호하고 좋아한다.

긴장감이 팽팽한 협상장에서 툭 하고 던진 재치 있는 유머나 위트의 말 한 마디는 분위기를 이완시키는 것은 물론, 상대방에게 좋은 인상을 심어주어 어렵던 협상이 잘 타결되어 성사되는 약방의 감초 역할을 톡톡히 해낸다.

3. 학교 가기 싫단 말이야

"아빠! 나 오늘 학교 가기 싫단 말이야." 하고 아들이 말했다.
"왜 학교에 가기가 싫어?"
"지난 주에 학교농장에서 닭 한 마리가 죽었는데 그 다음날 점심에 닭백숙을 먹었어요. 그리고 3일 전에는 돼지 한 마리가 죽었는데 다음날 점심에 돼지 불고기를 먹었고요."
"그런데 왜 오늘은 학교 가기가 싫단 말인데?"
"어제는 영어 선생님이 돌아 가셨단 말이예요."

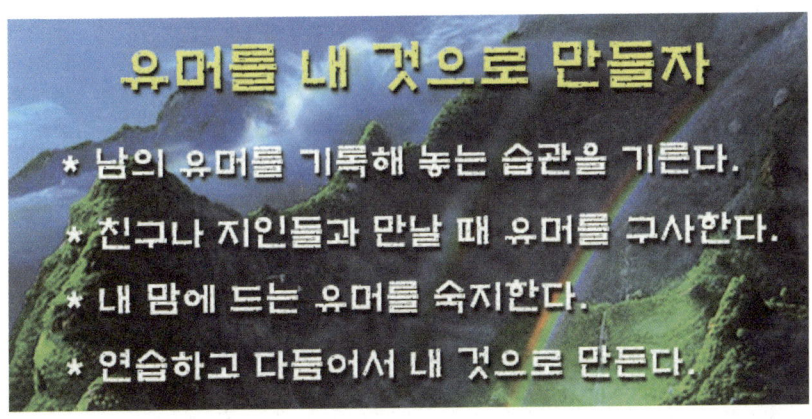

※ 유머하면 청와대에도 권태신 전 경제정책비서관이 있었다. 그는 재정경제부에 근무할 때 한국 유머를 영어로 구사하는 방법으로 국제협상 때마다 분위기를 주도 했다. 협상이 위기로 몰릴 때마다 재치 있는 농담으로 분위기를 반전시켰다고 했다.

좌중을 휘어잡는 재담 수준이 그 외에도 여러 사람이 있다. 전 김진표 부총리 겸 교육인적자원부 장관, 전 황영기 우리은행장, 전 신창재 교보생명 회장 등 우리 주위에서는 많은 사람들이 "성공한 웃기는 사람"이라는 평가를 받는다.

헨리 와드피쳐의 말에 의하면 "유머 감각이 없는 사람은 스프링이 없는 마차와 같다. 길 위의 모든 조약돌이 삐걱거리게 된다." 라고 말했다.
유머를 가진 사람들이 성공하게 된다는 사실이다.

나 자신은 특별한 인생이다.
이 세상에서 우리는 참으로 귀한 존재이다.
나와 똑같은 사람이 이 세상에 있는가? 아니다. 나 밖에 없다.
이 세상에 나와 똑같이 생긴 사람이 누가 있는가?
나 자신은 독보적 존재다.
귀한 것은 국보도 되고 보물도 된다. 나는 귀한 존재다.
"자부심을 갖자. 자부심은 내가 나를 좋아 할 수 있는 시발점이 되기 때문이다."

※ 우리의 뇌는 실제와 상상을 잘 구분하지 못한다. 일본의 한 대학에서 학생들을 대상으로 실험을 하였는데 20명을 두 그룹을 만들고 그들의 눈을 가리고 10명에게는 옻나무를 만지게 하며 이것은 밤나무라고 하였고 반대로 한 그룹에게는 밤나무를 만지게 하면서 이것은 옻나무라고 하였다. 그 결과 옻나무를 만진 그룹에서는 밤나무라고 생각한 결과 한 사람도 옻이 오르지 않았고 밤나무를 만지며 옻나무라고 생각한 팀에서 절반 학생이 옻이 오르게 되었다.

이 실험을 '플라세보 효과'(위약)이라고 하는데 이 실험의 기본 원리는 믿음의 효과라고 본다. 바로 믿음은 자율신경계를 움직여서 현실로 나타나기 때문이다.

4. 엽기 선생님

어느 여학교 학생들이 남자 선생님을 놀리려고 우유 한 컵을 교탁에 놓았다. 우유를 본 선생님이 이 우유는 누가 갖다 놨느냐고 물었다.
"저희가 조금씩 짜서 모은 거예요 맛있게 드세요."

이 말을 들은 선생님은 조금 당황했으나 유머가 있는 선생님이라 어떻게 대답할까 생각했다. 이렇게 할까?
"오래 살다보니 처녀 젖도 먹어보네."
이것도 별로 재미없겠고…

그럼 이건 어떨까?
"신선하고 맛있겠다."
이것도 별로다.

곰곰이 생각한 선생님의 입에서 엽기적인 말 한 마디가 나왔다.

"나는 젖병채로 먹고 싶어."

＊ 어느 장소에서 유머를 한번 하려면 유머에 대한 공포를 느끼는 경우가 종종 있다. 나는 재미있다고 생각해서 남들 앞에서 신나게 얘기 했는데 듣는 사람들이 마치 김빠진 맥주를 마신 것처럼 웃기는커녕 얼굴을 찌푸리고 있다고 가정하면 누구나 그 썰렁함에 대한 미안함과 공포를 느낄 수 있다.

많은 전문 강사들이나 전문 유머리스트들에게도 이런 경우가 더러는 있는 것이다. 이때 어떻게 할 것인가? "재미있지 않습니까?"라고 말해야 할 것인가? 그렇게 말 한다면 그 강사는 3등 강사에 지나지 않다.
아니다, 웃을 때를 기다리지 말고 이때는 다음 순서로 슬쩍 넘어가는 재치를 발휘해야 1등 강사가 되는 것이다.

5. 사모님

초등학교 자연시간이었다. 선생님이 학생들에게 동물들의 울음소리를 가르치고 있었다.
"여러분, 강아지는 어떻게 짖나요?"
학생들이 대답했다.
"멍 멍 멍!"

선생님이 다시 물었다.
"그러면 호랑이는 어떻게 울지요?"
아이들이 대답했다.
"으르렁! 으르렁!"

선생님이 어려울 것이라고 생각하며 다시 물었다.
"그러면 제비는 어떻게 울지요?"
이때 캬바레집 아들이 자신 있는 목소리로 대답했다.
"사모님!~ 사모님!~"
그 녀석은 엄청나게 혼났다.

※ 어린이들의 아토피 질환에도 아이를 끌어 안아주고 엄마 아빠와 같이 뒹굴면서 간질이면서 웃어보자. 이렇게 할 때 아이는 재미를 느끼게 되고 서로를 간질이게 되고 더욱 친밀감을 느끼며, 쌓인 스트레스는 감쪽같이 살아지고 T세포의 변형으로 생기는 아토피는 놀랄 만큼 개선된다.

6. 여자

올림픽 경기장에서 양궁으로 금메달을 딴 여자
-활기찬 여자

변비 때문에 심하게 고생하는 여자
-변심한 여자

조금 전 울다가 다시 또 우는 여자
-아까운 여자

못 먹어도 고를 외치는 여자
-고고한 여자

다방에서 꼭 창 없는 구석에 앉은 여자
-창피한 여자

정말로 끝내주는 여자
-이혼한 여자

※ 실제로 사우스웨스트항공사는 기장이나 승무원 모두가 손님들의 마음을 즐겁게 해 주기 위하여 재미와 웃음을 유발하도록 만든다.

이러한 유머경영을 앞세워 30년 넘도록 흑자를 보았고 어린이나 어른이 시간이 좀 지나서라도 유머와 웃음을 주는 이 비행기를 이용하려 한다고 한다.

유머 있는 사람이 인기가 높다

* 미혼인 여성지도자나 유명여성 인사들에게 인터뷰한 통계

"당신의 남편감으로 어떤 남자를 원합니까?"

*건강한 남자, *생활력이 있는 남자,
*종교가 같은 남자, *자상한 남자,
*이해심이 많은 남자, *돈이 많은 남자,
*안정된 직장이 있는 남자,
중복적인 대답에 항상 들어가는 말은 유머감각이 있는 남자였다.

7. 분만실 앞에서

분만실 앞에서 네 남자가 초조하게 부인의 출산을 기다리고 있었다. 잠시 후 간호사가 나오더니 첫 번째 남자에게 말했다.
"축하합니다, 예쁜 쌍둥이 딸입니다."
"정말로 우연의 일치군요,
나는 LG Twins팀에서 일하고 있어요."

다시 나온 간호사가 두 번째 남자에게 말 했다.
"선생님은 세 쌍둥이 아빠가 되셨네요. 축하합니다."
"아니 이럴 수가 나는 삼성에서 일하고 있거든요."

이제 세 번째 남자에게 간호사가 오더니,
"어머 놀라워라, 일곱 쌍둥이예요."
"세상에 이런? 저는 칠성사이다에 근무하고 있어요."

그러자 갑자기 네 번째 남자가 졸도하고 말았다.
그가 정신이 들자 간호사가 그에게 물었다.
"왜 그러시죠? 뭐가 잘못 됐나요?"
"나는 119구조대에서 근무하고 있단 말이예요."

※ 미국에서 FUN경영으로 성공한 경영전문회사의 CEO인 한국인 진수테리는 웃음으로 성공한 여성이다. 그는 미국에서 공장공원 일을 시작하였으나 지금의 그는 성공한 100대 기업인 중의 하나가 되는 영예를 가졌다.

  샌프란시스코 시에는 7월 10일을 진수테리의 날로 결정하였다. 전문 연설가라는 직함을 더 소중히 여기는 그는 대학이나 기업체, 모든 분야에서 펀(fun)경영을 강의하고 다닌다.
  큰 사업체를 일으킨 오너들의 공통점은 그들 모두가 유머감각이 탁월하다는 것이다. 지혜와 여유 그리고 배짱이 그들의 사업체를 치열한 경쟁에서 이기고 성공하게 할 수 있었던 것이다.

8. 식인종이 사람을 보고

식인종이 지하철역에 갔다.
전철에서 사람들이 우르르 몰려나오는 것을 보았다.

그 때 식인종이 하는 말,
"김밥이 옆구리가 터졌네."

식인종이 거리에서 할머니를 만났다.
"야! 맛있게 생긴 번데기다."

식인종이 목욕탕엘 가보고,
사람들이 탕 안에 들어가는 것을 보았다.
"누가 내 밥에 물 말아 놓았지?"

식인종이 아파트를 보고 감격하며 말했다.
"야! 엄청난 종합선물 세트다."

> 하루 15초만 웃어도
> 이틀을 더 산다
> -미국 빌 메모리얼 대학교-

※ 웃음은 평소에 마시는 산소보다 거의 4곱의 산소를 마시고 혈액을 통하여 대량의 산소가 뇌세포에 전달되어 건강한 뇌세포를 회복시키므로 치매를 예방하는 획기적인 운동이다.

스트레스를 받으면 뇌가 흥분하게 되어 더욱 많은 산소를 사용하게 되는데, 그때에 웃음이야 말로 대량 산소의 공급으로 쇠약해진 뇌세포를 활성화 하는 최고의 명약이 되는 것이다.

9. 기립박수

어느 날 배를 타고 많은 사람들이 여행을 하게 되었다. 밤이 되자 비바람이 거세게 불기 시작하며 번개가 치더니 한 여인이 요동치는 바람에 밀려 바다 속에 빠져버리고 말았다.

그러나 놀란 사람들은 너도 나도 소리만 지를 뿐 어느 누구도 그녀를 구할 수가 없었다. 그 순간 어떤 청년이 요동치는 검푸른 바다 속으로 용감하게 뛰어들었다. 그 청년은 바다 속에서 죽음의 위험을 무릅쓰고 수영을 해서 간신히 그 여인을 구해 냈다.

많은 사람들은 그 청년을 향하여 기립박수를 치며 공로를 치하 하였다. 그 청년이 갑판 위로 올라오더니 환호하는 사람들을 향하여 소리를 질렀다.

"내 등 떠민 놈 나와!"

＊ 우리의 뇌세포는 약 1000억 개의 신경세포들로 다양하게 구성되어 있다고 한다. 사람은 20세가 지나면 노화가 시작된다고 하는데, 이것은 20세가 지나면 저절로 날마다 거의 십만 개 이상의 뇌세포가 죽기 시작하기 때문이다.

그러므로 "뇌세포를 죽이지 말고 살려야 한다." 웃음은 저절로 죽고 있는 뇌세포에 평소보다 많은 산소가 구석구석 유입되므로 치매를 예방해주는 특효가 있다. 웃음은 심호흡보다 대량으로 숨을 내쉬고 다시 산소를 대량으로 흡입하는 놀라운 심호흡 운동이다.

10. 모범남성

어느 여성단체에서 모범남성을 선정하기로 하고 추천서를 접수하고 있었다. 수천 통의 추천서가 접수되어 세밀하게 검토한 결과 눈에 뜨이는 추천서 한 장이 있었다. 그 추천서는 본인이 추천한 것인데 내용은 이러하였다.

"저는 술이나 담배를 전혀 하지 않으며 도박도 하지 않습니다. 아울러 섹스도 하지 않으며 여성을 구타하지도 않으며 규칙적인 생활을 몸에 익혀 영화나 비디오로 시간을 허비하지 않으며 일요일에는 빠짐없이 예배에 출석하는 모범남성이라고 생각합니다."

편지의 내용이 사실이라면 이 남성이야 말로 가장 유력한 후보라고 생각하며 결론을 내리고 확인을 위해 적혀있는 전화번호로 전화를 걸었다. 잠시 후 전화기에서 이런 소리가 들려왔다.

"네, 여기는 ××교도소입니다."

＊ 많은 사람들이 직장에서 퇴직하고 나서 나이 70이라는 소리를 듣게 되는 순간, "나도 이제 늙고 말았구나." 하고 생각하면서 순식간에 늙어버린 사람도 우리 주위엔 수 없이 많다. 대개 그런 사람의 입에서 나오는 공통된 화제는,

"나는 이제 늙고 말았어, 연금이나 타먹고 조용히 살아야지."
"집 밖에 나가야 좋은 일도 없고 손자들이나 보면서 그럭저럭 살아야지."

이런 생각, 즉 삶의 목적도 희망도 없는 공허한 삶은 정신적, 육체적으로 노화를 촉진하고 하루아침에 병들어 늙고 마는 것이다.

우리는 누구나 잠시 낙심도 하고 좌절할 수도 있다. 인생은 마치 험한 파도와 같아서 우리가 탄 배를 뒤집고 산산조각을 낼 수도 있다. 우리는 때때로 넘어지기도 하고 좌절할 수도 있다. 그러나 내면 깊게 들어가 보면 다른 사람이 우리를 불행하고 좌절하도록 만드는 것이 아니라 우리 스스로가 불행을 자초하고 있음을 깨닫게 된다.

11. 착각

어느 아줌마가 영국을 방문하게 되었다. 지루한 비행기에서 무료함을 달래기 위해 공항매점에서 고급 쿠키를 한 통 샀다. 하필 비행기가 한 시간을 연착하여 지루한 시간에 공항 대합실에서 쿠키를 꺼내어 먹기 시작하였다.

옆의 의자에 봉지를 놓고 한 개씩 집어 먹기 시작했는데 옆에 있는 신사가 과자를 가져다 먹는 것이었다. 불쾌했지만 영어도 잘 못하는 주제에 뭐라고 하기가 어려워 말을 못했다. 영국은 신사의 나라라면서 도대체 이렇게 무례한 사람도 있구나 하고 생각하면서 부지런히 쿠키를 집어다 먹었다.
그러자 그 신사의 과자를 먹는 속도도 빨라졌다. 마지막 쿠키 한 개가 남아 부지런히 손을 뻗혔으나 그 신사가 먼저 집어 들고 빙긋이 웃더니 반을 나누어 주었다.

기분이 나빴으나 표현도 못하고 시간이 되어 비행기에 올랐다. 선반에 짐을 올려놓으려고 비치백을 쳐드는 순간 쿠키봉지가 흘러 떨어졌다, 비치백에 넣은 내 과자는 생각 못하고 남의 것을 먹으며 오히려 기분 나빠 했던 것이다. 내 것이라는 고정관념이 큰 실수를 범하게 하였다.

* 어떤 사람은 남의 유머에 잘 웃어 주고 별것 아닌 이야기에도 귀를 기울여주고 잘 들어준다. 반면에 부정적인 사람은 유머를 듣고 가능한 웃지도 않고 오히려 "네가 얼마나 웃기는지 보자" 하며 입을 삐죽거리며 쓴웃음을 짓는 사람도 있다. 적당히 표정의 변화를 주고 남의 유머에 잘 웃어주는 것이 유머나 강의를 듣는 예의라 할 것이다.

그러나 이런 웃기는 유머에 꿈적도 하지 않는 경우도 더러 있는 것이다. 그렇다고 너무 민감하게 반응하여 난처해하고 얼굴을 붉힐 필요는 없다. 너무 웃기는 것에만 신경을 쓰게 되면 청중은 오히려 반감을 갖게 되고 분위기는 썰렁해 질 수도 있다.

* 금연 스티커가 곳곳에 붙어 있는데 이런 문구를 한번 붙여보면 어떨까? 하고 생각을 해 보았다.
"담배를 피우려면 숨을 내쉬지 마세요."

매우 유머스러운 표현이며 곳곳의 금연스티커보다 훨씬 효과적일 것이다. "마음에 들지 않으면 카운터로 가지고 오십시오, 미소로 바꾸어 드리겠습니다."라고 써 붙인 음식점도 있다고 한다. 유머가 없는 개인이나 기업이 성공하기 어렵다는 것은 이제 상식이 되어 버렸다.

12. 목욕하는 중

중학생들이 머리를 삭발하던 시절의 이야기다. 목욕탕에서 스님이 목욕을 하고 있었다. 옆을 보니 까까머리 중학생이 목욕을 하고 있었다. 스님이 중학생을 보고 말했다.
"어이 학생, 내 등 좀 밀어줘."
학생은 기분이 나빴지만 스님의 등을 밀어 주면서 말을 했다.
"누구신데 처음 보는 저에게 반말을 하세요?"
"나? 나 말이야, 중이지."
학생이 스님의 등때기를 한 대 내 갈기며,

"뭐라고? 중2! 임마!, 난 중3이다."

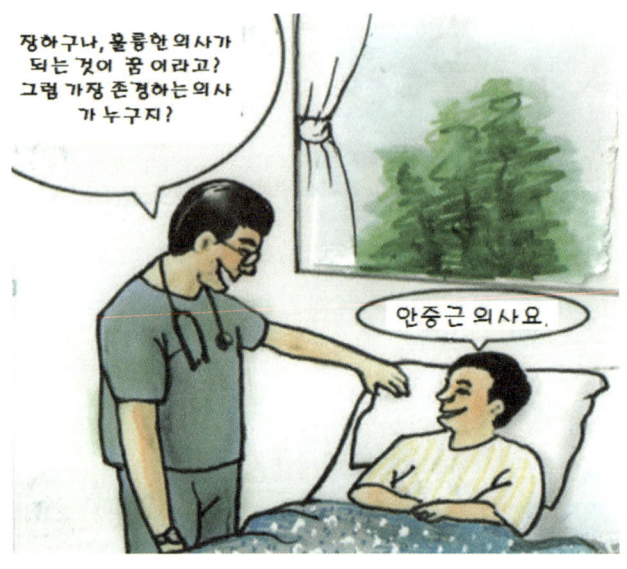

※ 웃지 않는다면 웃을 때까지 기다릴 것인가?
"재미있지요? 재미없어요?" 라고 물어볼 것인가?
재미있으면 웃지 말라고 통사정해도 웃게 된다.

아니다. 프로 강사라면 이때에 재치 있게 빨리 다음 내용으로 넘어가야 한다. 웬만한 센스가 있는 청중이라고 판단이 선다면 화답해 주는 것을 기대하는 일이 현명하겠으나 전혀 반응이 없을 때에는 과감히 포기하고 넌지시 다른 주제로 넘어가는 순발력이 필요한 것이다.

지혜를 얻는 것이 금을 얻는 것보다
얼마나 나은고 명철을 얻는 것이
은을 얻는 것보다 더욱 나으니라

-잠언 16:16

13. 김나나 봐? (1970년대)

어느 여자가 길을 가다가 갑자기 볼일이 생겼다. 이 시절에는 화장실에 남녀 구분이 없던 시절이었다. 마침 근처에 화장실을 발견하고 급히 문을 열었다. 그런데 누가 볼일을 보고서 물을 내리지 않아 배설물이 그대로 있었다.

너무 지저분하고 더러워서 일을 보지 않고 도로 나와 버렸다. 그때 어떤 남자가 급하게 문을 열더니 놀란 표정으로 문을 닫았다. 그는 그녀를 부르더니 점잖게 입을 열었다.

"아가씨! 일을 보셨으면 물을 내려야지 도대체 이게 뭡니까?"

그렇지 않아도 볼일을 못 봐서 기분이 상하고 열이 났던 여자가 표독스럽게 내 뱉은 말,

"×××! 김나나 봐!"

스트레스를 잠재우는 웃음

* 웃음은 스트레스를 일으키는 물질인 코티졸, 아드레날린의 발생을 억제하고 스트레스를 받으면 신경세포에서 많은 NPY를 배출하여 이 물질이 병원균을 찾지 못하게 방해한다.

　* 유머나 웃음운동을 통해 웃을 때 횡격막이 상하로 움직인다. 횡격막은 우리의 신체 내부 중 소화기가 속해 있는 아래 배 부분과 호흡기가 속해 있는 배 윗부분 사이를 가로막고 있는 막인데, 웃을 때 이 횡격막이 상하로 움직이면서 운동을 하게 된다.

　이때 자연히 복식호흡을 하게 된다. 이런 식으로 횡격막을 격렬하게 사용할 때에 온 몸이 활성화되면서 몸 전체에 혈액순환이 잘 된다.

14. 콜라 한 캔 700원

엽기토끼 마시마루가 콜라를 사러 가게에 갔다. 콜라 한 캔 700원, 마시마루는 아저씨에게 콜라 7개를 달라고 했다. 그런데 못된 마시마루는 4,900원을 100원짜리 동전으로 주면서 동전 49개를 땅바닥에 던지고 갔다.

열 받은 아저씨, 동전을 주우면서 세어봤다. 정확히 49개가 맞았다. 그래도 그 놈이 괘씸했다. 다음 날 마시마루가 또 왔다. 오늘도 콜라 7개를 달란다. 아저씨는 콜라 7개를 주었다. 또 100원짜리 동전 49개를 땅바닥에 내동댕이 치고 갔다. 아저씨 어제보다 더욱 열을 받았다. 그래도 세어보니 49개가 맞았다.

그 다음 날, 마시마루가 또 왔다. 역시 콜라 7개를 달란다. 아저씨는 무지하게 긴장하고 있다. 그런데 이게 웬일인가? 동전 49개가 아니라 이번에는 만 원짜리 지폐를 주는 게 아닌가.

아저씨, 회심의 미소를 지으며 거스름 돈 5,100원을 100원짜리 동전 51개로 주면서 장렬하게 땅바닥에 던져 버렸다.
아저씨, 얼마나 기다려 왔던가 이 복수의 날을…

그러나 아저씨의 행동을 무심히 바라보던 마시마루가 눈을 깜박이더니, 땅바닥에 떨어진 돈 두 개를 주우면서….

"아저씨! 콜라 7개 더 주세요."

"하 하 하" 웃음의 깊은 이유
* 하,하,하,하고 웃는 웃음은 우리의 몸 중 위장과 몸 전체를 좋게 하는 웃음이고,
* 허,허,허,하는 웃음은 우리의 심폐기능을 좋게 하는 웃음이다.
* 이 중에 '하' 하고 짧게 끊어 소리를 낼 때 대량의 날숨을 쉬며 횡격막이 올라간다.

* 복근운동은 소화기관을 자극하게 되므로 소화기 질병에 유익하여 소화가 잘 된다. 아울러 온 몸을 흔들며 한바탕 웃고 나면 위액의 분비를 촉진하게 되므로 신속히 소화가 되어 배가 출출한 현상이 생기게 된다.

뒤꿈치를 약간 쳐들고 들썩 들썩하면서 온 몸을 흔들고 웃는다. 이때 횡격막이 상하로 움직이면서 복근운동이 되고 이는 우리 몸의 구석구석까지 산소와 혈액이 공급되면서 우리의 몸은 최적의 상태가 된다.

우리의 뇌는 웃음으로 즐거운 감정이 표출될 때 세로토닌이나 노르에피네프린, 엔도르핀 등 신경전달물질과 면역세포가 분비되면서 즐거워지고 신체적 항상성을 유지하게 된다.

억지로 웃더라도 길게 15초 이상 웃으면 효과는 같다. 억지로라도 웃으면 우리를 행복하게 해주는 세로토닌이 분비되면서 우울증에서 해방되게 된다.

과천 관가의 최고의 재담꾼으로 알려진 임내규 전 산업자원부 차관이 재임시절 회의 분위기가 경색 될 때마다 유머를 사용해서 분위기를 반전시켰다고 한다.

그는 2003년 29년의 공직생활을 마치고 퇴임하면서 150여 편의 유머를 모아 "해사 유머모음집 봉수야!"라는 책을 펴냈다. 그의 유머중 하나를 여기에 소개한다.

처음 사귄 두 남녀가 영화관에 갔다.

여자가 앞에 앉아 있는 남자를 한 대 때리면 손을 잡게 해

준다고 말했다. 그러자 남자가 "봉수야!" 하면서 앞 사람을 한 대 쥐어박은 뒤 재빨리 사람을 잘못 보았다며 사과했다.

재미를 느낀 그녀가 한 대를 더 때리면 키스를 해준다고 하자, "야! 임마! 너 정말 봉수 아니야!"라고 한 대 때린 뒤 불같이 달려드는 남자에게 '어쩌면 내 친구 봉수랑 그렇게 닮으셨냐.'며 손이 발이 되게 빌었다.

장난기가 발동한 그녀는 "한번만 더 때리면 결혼해 주겠다."고 말했다.

심호흡을 가다듬은 그는 영화가 끝나고 나올 때 앞에선 남자의 뒤통수를 한 대 쥐어박으며 "야! 봉수야! 극장 안에서 너랑 똑같은 놈 봤다."

스피치 잘 하는 법

1. 감동을 주려면 열정을 다 해야 한다.
    * 훌륭한 커뮤니케이터와 보통사람의 차이는 열정의 차이다.
    * 같은 말도 전달방식에 따라 차이가 크다. 양념을 쳐야 한다.

2. 영감을 불어 넣어라.
    * 매혹적인 카리스마를 넣고 원대한 사명을 전달해라.

3. 첫 머리를 강렬하게 시작하라.
    * 호기심을 유발하며 청중의 관심을 사로잡아라.

15. 왕복 길의 거리

"복남아, 너의 아버지 어디 가셨니?"
"시장에 가셨어요."
"시장이 얼마나 먼데?"
"가는 길은 10리 구요, 오는 길은 20리 예요."
"아니, 그게 뭔 말이냐? 가는 길과 오는 길이 왜 거리가 다르냐?"

"에이! 아저씨두, 우리 아버지는 시장에 가실 때는 맑은 정신으로 가시니까 곧장 시장으로 가시지만 오실 때는 술이 취해 갈지자걸음으로 오시니까 20리는 족히 되지요."

＊ 노인대학이나 경로당 같이 노인들이 많이 모인 곳에서 질문해 보면 그 분들의 가장 염려는 첫째가 치매라는 질병이다. 의학의 발달과 더불어 인간의 수명은 계속하여 늘어나고 노인인구의 증가에 따라 노인들의 치매성 질환이 점점 늘어나고 있는 것이 지금의 현실이다.

　이와 함께 노인문제가 한 가정의 행복을 측정하는데 귀중한 기준이 되고 있다. 그러나 웃음은 치매예방에 효과적이다. 유머와 웃음으로 건강한 노년을 보내자.

16. 사랑의 독주

　미국의 사우스웨스트항공은 유머로 무장한 웃기는 항공으로 유명하다. 스튜어디스가 50대의 한 손님에게 위스키 한 잔을 권해주자 손님이 농담을 걸어왔다.
"이 위스키는 혹시 독주 아닙니까?"

　그러자 이 스튜어디스는 거리낌 없이 대답하였다.
"그럼요, 바로 사랑의 독주입니다. 한 잔 하시면 손님의 마음이 행복과 사랑으로 충만해 질 겁니다." 라고 대답했다.
　그러자 그 손님은 기분이 좋아서 "베리 굳, 베리 굳." 하며 만족한 웃음을 띄웠다.

※ 스튜어디스들의 순간적인 재치와 위트, 유머감각은 우리의 마음 문을 열어주어 부드럽고 즐겁게 하며 손님들은 얼마를 기다렸다가도 이 항공을 이용한다. 그래서 즐거운 회사 웃기는 항공으로 가장 일하기 좋은 기업으로 선정, 계속되는 흑자경영으로 든든한 회사로 성장 발전하고 있다.

위트와 유머는 장벽을 무너뜨린다

유머, 재치, 위트가 있는 사람은 어디에서든 환영 받는다. 무겁고 우울했던 분위기가 이들의 말 한마디로 기분을 풀어주고 즐겁게 해 주며 대화의 장벽을 풀어주기 때문이다.
위트나 유머는 누구에게나 그냥 생겨나는 것이 아니다. 평소 책이나 정보매체를 통해 기록해 놓거나 머릿속에 담아 놓은 지식이나 이야기 거리를 순간순간 적절히 이용하는 재치가 있어야 한다.

-적자생존이라 한다 적어놓는 습관을 길 들이자-

17. 담배를 피우려면 …

사우스웨스트항공사에서의 기내 방송이다.

"승객 여러분, 오늘도 저희 사우스웨스트항공을 이용해 주셔서 진심으로 감사를 드립니다. 여러분께서 이미 아실 줄 압니다만 그러나 한 가지 부탁의 말씀을 드리려고 합니다."

"여러분, 아시는 대로 기내에서는 절대로 담배를 피우시면 안 되는 금연구역임을 알고 계실 줄 압니다. 그래도 혹시 담배를 꼭 피우고 싶으신 분이 계시다면 한 가지 방법이 있음을 알려드립니다."

"저희 기내에는 앞부분 양쪽에 두 군데 뒷부분 양쪽 두 군데 모두 네 군데의 비상구가 있습니다. 이 비상구로 나가시면 시원한 날개와 멋지게 펼쳐진 테라스에서 담배 한 대를 피우고 들어오시면 되겠습니다."

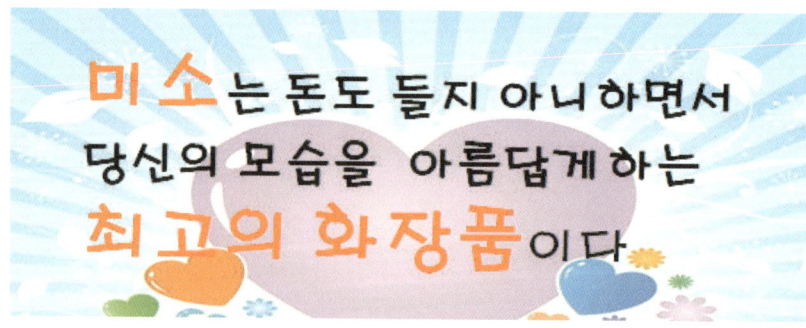

＊ 이 소리를 듣는 순간 기내의 승객들은 웃음이 바다를 이루고 있었다. 듣기에 따라 어떤 사람은 세상에 뭐 이런 소리가 있나? 날개에 나가면 죽으라는 소리 아닌가?

이렇게 생각하는 사람도 있겠지만 대부분의 승객들은 이 유머에 기분이 좋아지고 항공사의 이미지는 크게 향상되게 된 것이다.

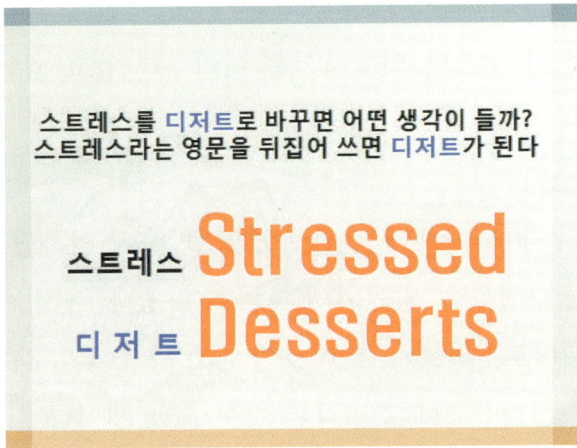

＊ 어떤 통계에 따르면 우리나라 여성들의 경우 30%이상이 골다공증 또는 골감소증이 있는 것으로 나타났다.

특히 여성들이 40세가 지나면 연간 뼈의 1%이상이 소변으로 빠져 나가며 폐경 이후는 더욱 심각해져서 4% 이상의 골감소증이 발생한다.

성경은 "마음의 즐거움은 양약이라도 심령의 근심은 뼈를 마르게 하느니라." 라고 잠언 17장 22절에 기록하고 있다.

3000년 전 기록된 이 성경 절은 어쩌면 현대 의학이 이제서야 알게 된 심오한 의학지식을 미리부터 알고 있었다는 말인 것이다.

오늘날 현대 의학계에서 연구 발표한 바에 의하면 '스트레스는 곧 골다공증의 원인이 된다.'고 하였다. 심령에 근심이 오늘날 용어로, 바로 스트레스인 것이다. 이는 스트레스를 받으면 곧 골다공증에 걸린다는 답이 되는 것이다.

＊ 유머와 비슷한 말로 위트(기지)를 꼽을 수 있는데 이것은 똑같이 웃음을 유발하는 효과가 있다고 하지만 위트가 순수하게 지적인 능력인데 반해 유머는 그 웃음의 대상에서 동정을 유발하는 정적인 작용이 수반 된다고 할 수 있다.

한국인들은 잘 웃지 않으며, 조금만 지위가 올라가면 유머나 개그는 체면을 깎는 것으로 생각하는 경향이 많다. 독일사람, 영국사람, 한국사람이 재미있는 유머를 들을 때,

  독일인은 이야기 도중 웃고,

  영국인은 신사 체면상 이야기가 끝난 후에 웃고,

  한국인은 그 다음날 생각해보고 웃는다고 하니 우리의 웃음이 얼마나 부족한 가를 생각하게 한다.

18. 개 짖는 소리

재치가 넘치는 한 남자가 있었다. 그는 단잠을 자고 있는 새벽 3시에 전화벨소리가 요란하게 울리자 단잠에서 깨어 전화를 받았다. 전화의 내용은 이러했다.

"여보시오, 잠 좀 잡시다. 당신 집 개 짖는 소리 때문에 잠을 잘 수가 없소. 잠 좀 잡시다."
"아, 그러십니까? 전화를 해주셔서 감사합니다. 그런데 댁의 전화번호는 몇 번 이십니까?"

전화번호를 받아 적은 그 남자는 그 이튿날 새벽 3시에 전화를 걸었다.
"선생님, 어제 새벽에 전화 하셨지요? 그런데 우리 집에는 개가 없는데요."
그 전화를 받은 사람은 신경질을 내면서

"선생, 잠 좀 잡시다. 지금이 새벽 3시오, 3시!"

※ 무고한 사람을 잘못 풍자하는 유머나 남녀의 성을 풍자한 거시기라는 저질유머는 삼가 해야 된다. 상황과 장소에 따라, 상대가 누구냐에 따라, 유머는 적절히 그 대상에 맞게 사용해야 그 진가를 발휘하게 된다.

만약에 듣는 사람이 "이건 순전히 저질 코미디야, 천박하고 수준 아래의 농담을 하고 있구먼." 하고 생각한다면 그 유머는 그것으로 생명을 다 하는 것이고 강사 자신의 질은 저하되고 말 것이다.

습관을 바꾸면 건강이 보이고
생각을 바꾸면 행복이 보인다

19. 머리 좋은 학생

한 학생이 슈퍼에서 빵을 한 개 사러 급히 갔다.
학 생 : "아줌마, 빵 한 개만 주세요."
아줌마 : "빵 여기 있다."
그 순간 마음이 달라져 빵보다 우유를 먹는 것이 더 좋다는 생각이 들었다.

학 생 : "아줌마, 빵보다 우유로 바꾸어 주세요."
아줌마 : (빵을 돌려받으며) "자, 여기 우유 있다."
학생은 우유를 받아 마시고는 그냥 가려고 했다.

아줌마 : "학생, 우유를 마셨으면 돈을 내야지."
학 생 : "우유 값 대신 빵을 드렸잖아요?"
아줌마 : "그럼, 빵 값은?"
학 생 : "빵은 안 먹고 돌려드렸는데요?"

※ 유머에는 강사 자신의 교양이나 인격이 포함된다는 사실을 언제나 기억하면서 남을 비하하거나 조롱하는 것을 조심해야하고 특히 종교적인 내용을 가지고 유머를 할 때는 나와 다른 타 종교를 비난하거나 무시했다는 오해가 생기지 않도록 주의할 필요가 있다.

유머는 자칫하면 남을 조롱하고 비꼬거나 마음을 상하게 하는 경우가 의외로 많을 수 있다. 또한 때와 장소에 따라 적절한 유머를 사용함이 바람직하다.

따뜻한 정이 있는 유머는 인간관계를 부드럽게 하고 좋은 분위기를 연출하는 약방에 감초와 같다.

20. 콜라의 비밀

- 미국에서는 고속순찰 경찰들이 순찰을 나갈 때 콜라 큰 병 한 개는 기본으로 가지고 다닌다. 사고가 나면 핏자국을 콜라가 지우기 때문이다.

- 비후스텍을 콜라로 채운 그릇에 담가두면 이틀이면 고기 덩어리가 다 삭아서 없어진다.

- 변기가 더러워 졌을 때 콜라를 이용해 닦으면 콜라에 들어있는 시트르산이 묻어있는 때를 말끔히 닦아준다.

- 자동차 앞이나 뒤에 녹슨 부분은 종이에 콜라를 묻혀 문지르면 깨끗이 없애준다.

- 녹이 슬어 잘 빠지지 않는 볼트는 콜라를 발라 닦으면 깨끗해진다.

- 자동차 앞 유리가 더러워지면 콜라를 발라 닦아주면 된다.

- 콜라의 주성분은 인산인데 그 PH는 2.8이다. 그 정도의 PH이면 보통 크기의 못을 나흘 안에 녹여버린다.

※ 우울증은 뇌 속에 존재하는 신경전달물질인 세로토닌(Serotonin)의 분비와 활동에 밀접한 관계가 있다.

세로토닌은 마음에 안정을 주는 물질로 이 물질이 부족하면 신경계의 균형이 깨지면서 감정이 불안하게 되고 충동적인 성향이 나타나며 결국은 우울증으로 고통 받게 된다.

여성이 남성보다 우울증에 걸릴 확률이 2배 이상 높다.

이것은 생리적으로나 신체적으로 남성보다는 여성은 출산을 하는 등 좀 더 다르기 때문이다. 여성들은 신체의 변화가 생길 때 마다 우울증이 생기기 쉽다.

특히 생리직전, 임신 중, 출산 후, 경도가 끊어진 갱년기, 의지했던 자녀의 결혼 후 등 자신도 모르게 잠깐 동안 우울증을 경험하는 경우가 흔하다.

항상 쾌활하게 사는 법

1. 항상 행복한 것처럼 행동하라.
2. 아침에 행복의 사진을 찍자.
3. 어린 아이를 흉내 내 보라. 쾌활하고 행복한 기분이 살아난다.
4. 불행한 생각을 털어버리고 불행한 말을 없애버리자.
5. 행복했던 순간을 떠올리고 행복한 말을 하라.
6. 부정적인 생각을 떨쳐 버리라.
7. 긍정적인 생각을 하고 재미있게 생각하라.

1. 스트레스를 확 풀어주는 유머

21. 유산

　두 친구가 시골길을 운전하고 가다가 차가 고장 나서 멈추게 되었다. 밤늦은 시간이라 갈 곳이 없는 터라 마침 길가의 어느 집 문을 두드렸다. 얼마 후 젊은 한 과부가 나왔다.
　"아주머니, 차가 고장 나서 더 이상 갈 수가 없게 되었으니 하루 밤만 묵어갈 수 없을까요?"
　술상을 차려와 한 잔 얼큰히 한 후 잠자리에 들었다. 이때 한 친구가 슬며시 과부의 방에 들어갔다. 이튿날 아침 일찍이 견인차가 와서 두 사람은 견인차와 함께 집으로 돌아갈 수 있었다.

　한 달 후 그중 한 사람이 자신이 받은 편지를 들고 친구를 찾아와 물었다.
　"자네 그날 밤 그 과부와 무슨 일이 있었지?"
　"아무렴, 그 과부와 즐거운 시간을 보냈지."
　"그럼 그 과부에게 자네 이름 대신 내 이름을 사용했나?"
　친구는 곤란한 표정을 지으며 이렇게 말했다.
　"어~, 그래, 그런데 어떻게 알았지?"
　"그 과부가 며칠 전에 죽었다고 편지가 왔는데 글쎄 나에게 10억 원을 유산으로 남겨줬다네."

사회자나 강사로 처음 대면하는 사람들과 만날 때는 장소, 그때의 환경, 대상이 누구냐에 따라 알맞은 유머나 위트를 가지고 먼저 청중들의 마음을 여는 것이 중요하다.

유머는 전혀 생각하지 못했던 상황에서 엉뚱한 발상이 튀어나와 청중들로 하여금 웃음을 유발하도록 해야 그 진가를 발휘하게 된다.

유머 성공을 위한 10가지 지혜
1. 따뜻한 인간애가 있어야 한다.
2. 열정과 순발력이 필요하다.
3. 자연스럽고 여유가 있어야 한다.
4. 남의 유머에 잘 웃어주는 아량이 있어야 한다.
5. 무고한 사람을 끌어들여 풍자하지 않는다.
6. 사용한 유머를 같은 청중에게 반복하지 않는다.
7. 상황과 대상에 맞게 사용해야 한다.
8. 웃지 않으면 그냥 넘어간다.
9. 상비유머 10가지 이상은 항상 숙지해야 한다.
10. 끝 마무리는 매끄럽게 한다.

22. 링컨의 어린 시절

어느 날 아버지가 아들을 불러 호통을 쳤다.

"너는 어떻게 된 아이가 만날 학교를 빼먹고 놀러만 다니고 말썽만 피우니 어쩌면 좋으냐? 이놈아 링컨대통령이 너 만할 때 뭘 했는지 알기나 아니?"

"모르는 데요."

이 말을 들은 아버지는 다시 아들을 훈계하며 말했다.

"이놈아, 링컨 대통령은 집에서 쉴 틈 없이 공부하고 연구했단다."

그러자 아들이 아버지에게 물었다.

"아버지, 그런데 그 사람은 아버지 연세가 됐을 때 대통령이었잖아요?"

"예끼! 이 녀석."

※ 최근 중앙일보 (2009. 7. 20) 발표에 의하면 국립암센터에서는 지난 1년여 동안 국내 암환자 375명의 정서적 고통에 따른 발병률을 조사하여 발표한 결과, 암환자의 우울증 발병률은 41%가 되었다고 한다. 이는 일반인의 5.6%보다 엄청난 차이가 있었다.

특이한 일은 "죽고 싶다."고 생각 할, 즉 자살 정도의 성향을 보인 사람이 20.6%였고 자살을 시도 했거나 계획한 사람도 5%정도나 되는 것으로 나타났다. 이는 일반인에 비하여 6.8배나 높은 수치로 나타났다.

웃음은 만병을 치료하고 예방하는 최고의 명약이다.

23. 송년미사

어느 성당에 우리말을 제대로 잘 못하는 외국인 신부가 송년미사를 하였다.

"친애하는 교우자매 여러분, 오늘 송년회미사를 드립니다. 이 밤이 지나면 이 년은 가고 새 년이 우리에게 옵니다. 오는 년을 맞이함에 있어 새 년과 함께 보낼 몸과 마음의 준비가 필요하듯 이미 간년은 과감하게 정리해야 하는 마음가짐이 중요합니다.

지난 년들을 돌이켜 보면 자신의 꿈과 기대에 미친년도 있고, 어떤 년은 실망스런 년도 있고, 어떤 년은 또 생각하기도 싫은 년도 있습니다.

이제 과연 우리에게 오는 새 년은 어떤 년인가 하는 호기심과 기대 속에서 새 년을 맞이하게 되는 것입니다. 그러나 가장 중요한 것은 이년 저년 할 것 없이 모두 다 하나님이 주신 귀한 년이라는 것입니다.

사랑하는 여러분, 그러나 어떤 년을 맞이해도 우리는 잘 살아야 합니다. 모든 년과 더불어 잘 살게 되시기를 바랍니다."

※ 유머는 교육적이기도 하고 감동적이기도 한 이야기들이 좋다. 남을 풍자하되 개인이나 그가 속한 단체에 불쾌감을 주거나 비난하지 말고 따뜻한 정감이 넘치는 유머가 좋은 것이다.

　잘 준비된 유머는 듣는 이로 하여금 기분 좋은 웃음과 동시에 상대방에 대한 나쁜 감정을 없게 할 뿐만 아니라 비즈니스나 경색된 분위기를 바꾸는 명약 중에 명약이될 수 있는 것이다.

24. 티코의 주차금지구역

1. 바람 많이 부는 곳
－날아갈까 봐.

2. 쥐나 고양이가 많은 곳
－혹시 물어갈까 봐.

3. 아이들이 많은 곳
－장난감인줄 알고 가져갈까 봐.

4. 오토바이 있는 곳
－뒤에 싣고 갈까 봐.

5. 비 많이 오는 날 냇가
－떠내려갈까 봐.

25. 모차르트

어느 부부모임에서 모차르트 이야기를 하면서 모차르트의 천재성을 칭찬하고 있었다.

"모차르트는 정말로 기가 막힌 음악의 천재야." 하고 한 사람이 말했다.

"그렇고말고, 금세기에서는 보기 어려운 분이야." 라며 한 사람이 거들었다.

이 소리를 듣고 있던 맹순 아줌마 아는 체라도 해야 될 것 같아서 "그렇지, 그분을 글쎄 내가 시청 가는 5번 버스에서 보았어." 라고 하자 맹순 아줌마의 남편 맹구씨가 하는 말

"이 바보야, 5번 버스는 도청 가는 거야."

26. 한국아줌마

칼 루이스가 한국을 방문하여 전철에 오르게 되었다. 그러나 전철은 자리가 없었다. 몇 역을 지나서 앞을 보니 한 사람이 내리고 있었다. 때는 됐다 하고 세계적인 달리기 선수 칼 루이스가 있는 힘을 다해 달렸다.

앉으려고 하는데 이미 자리에 누가 앉아 있었다. 기가 막혀 숨을 몰아쉬며 바라보니 바로 한국아줌마였다.

27. 딸꾹질

어느 약국에 손님이 찾아와 약사에게 질문을 하였다.
"약사님, 딸꾹질에 좋은 약 있지요? 그 약 좀 주세요?"
이 소리를 들은 약사는 약을 찾느라 왔다 갔다 하다가 느닷없이 그 사람의 등을 한 대 내갈기며 놀라게 했다.

"놀라셨죠? 이제 괜찮을 거예요."
이 소리를 들은 손님이 어이없어하며 하는 말
"아뇨, 내가 아니고 우리 집사람이 그런데요."

* 어느 요양병원에서는 통증이 극심한 환자들을 대상으로 웃음치료를 실시하여 많은 환자들의 통증해소에 큰 효과를 보고 있는 것이 지난 2006년 1월에 SBS방송을 통하여 전국에 방송되었다.

이 방송에서는 척추환자들을 대상으로 웃고 난 후의 통증감소의 량을 조사한 결과 20분 동안 크게 웃고 난 후 33%의 통증이 감소하였다고 발표하였고,
건강한 사람들을 대상으로 얼음물에 담그고 있는 시간을 웃기 전과 웃고 난 후를 실험한 결과 웃고 난 후 어름 물에서 참고 견딘 시간이 40.3% 늘어난 것으로 발표되었다.

* 얼마 전 나는 웃음치료가 진통제의 효과를 발휘한다는 사실을 경험하게 되었다.
여행을 하면서 차 안에서 게임도 하고 신바람 나게 웃음운동을 하였다. 평소부터 잘 아는 지인 한 사람이 나에게 오더니 고맙다고 하며
"조금 전에는 머리가 대단히 아파서 괴로웠는데 웃음이 좋다고 해서 한바탕 억지로 웃었는데 지금은 깨끗이 낳았어요." 하면서 웃음의 진통효과를 인정하였다.

2. 노인을 풍자한 유머

1. 카이스트

어느 할머니가 대전에서 시내버스를 탔다. 버스는 만원이라 자리가 없었다. 학생 둘이 앉아서 자는 체 눈을 감고 있었다. 할머니가 곁에 가자 할 수 없이 한 학생이 자리에서 일어나면서

"할머니! 여기 앉으세요." 하면서 자리를 양보하였다.
"아이구 고마워. 학생! 어느 학교에 다녀?"
하며 물었다.
"예, 저는 충남대학교 학생입니다."
"그러면 그렇지, 맘씨도 착하고 얼굴도 잘 생기고 그러니까 공부도 잘 해서 좋은 대학 다니고."

옆에 앉아 자는 척 하고 있던 학생이 눈을 떴다.
할머니가 가소로운 표정으로 입을 삐죽하며 학생을 바라보고
"젊은이는 뭐하는 사람인고?"
"예, 저는 카이스트(KAIST)에 다니고 있습니다."
"응! 코이스트! 그게 뭐하는 덴가?"
"예, 한국과학기술교육원입니다."
"쯧! 쯧! 그럼 그렇지,
 공부를 못하면 기술이라도 배워야 허지."

* 웃음이야말로 건강 장수의 지름길이다.

그러므로 많이 웃으면 웃을수록 건강하고 행복하게 사는 것이고, 웃음이 적으면 적을수록 병이 오고 불행을 초래하게 되는 것이다. 그렇다, 웃음이야말로 건강 장수의 척도요, 건강 처방전 1호가 되는 것이다. 일본의 군마중앙병원의 원장인 다카자키 씨는 환자들에게 웃음을 주는 의사로 일본에서 유명하다. 그는 한 달에 1회씩 병원을 찾는 환자들에게 일본식 만담인 라쿠보를 들려주며 웃음을 유발시킨다. 그의 말에 의하면 잘 웃으면 병원에서 퇴원시킨다고 하였다.

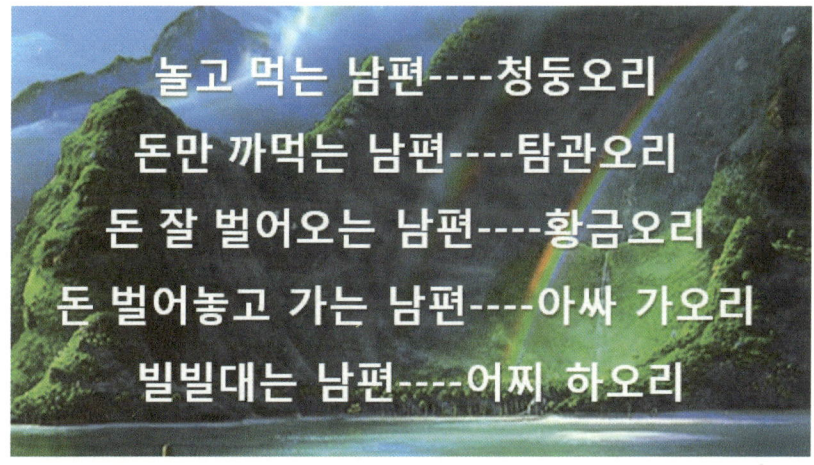

놀고 먹는 남편----청둥오리
돈만 까먹는 남편----탐관오리
돈 잘 벌어오는 남편----황금오리
돈 벌어놓고 가는 남편----아싸 가오리
빌빌대는 남편----어찌 하오리

빼고 싶은 부위별로 골라 웃어라

1, 뱃살을 빼려면 포복절도하면서 웃어라.
2, 배에 힘을 주면서 배를 두드리며 웃는다.
3, 손뼉을 치며 뱃살이 흔들리게 박장대소, 요절복통 하며 웃어라.
4, 배를 주무르거나 빼고 싶은 부위를 주먹으로 두드리면 장 운동이 잘 되어 효과적이다.
5, 살을 빼려면 무조건 크게 웃는다.

2. 억만장자의 결혼식

70세의 억만장자가 결혼을 한다고 청첩장을 돌렸다. 알고 보니 70세의 노인이 20세의 꽃다운 아가씨와 결혼을 하는 것이었다. 결혼식장을 찾아온 그 노인의 친구들이 부러운 눈으로 그에게 물었다.

"자네는 재주가 참 좋구먼, 아무리 돈이 많아도 어떻게 20세의 처녀와 자네가 결혼을 한단 말인가? 혹시 자네 나이를 50세로 속였나. 그 비결이 무엇인가?"

그러자 부자 노인은 친구에게 귓속말로 속삭였다.

"아니야, 난 저애에게 90살이라고 거짓말을 했지. 그랬더니 쉽게 나에게 넘어오더군."

"흠, 그렇다면 자네가 빨리 죽기를 원하겠군."

※ 웃는 모습 만으로도 면역세포인 NK세포가 활성화 되는 것으로 나타났다. 한 실험에서 아무런 재미도 없지만 그저 표정만은 계속 웃도록 했다.

그 결과 놀라운 효과를 확인할 수 있었다. NK세포가 10에서 30으로 3배나 늘어났고 NK세포의 활성도가 너무 높았던 부류는 오히려 정상으로 낮아졌다.

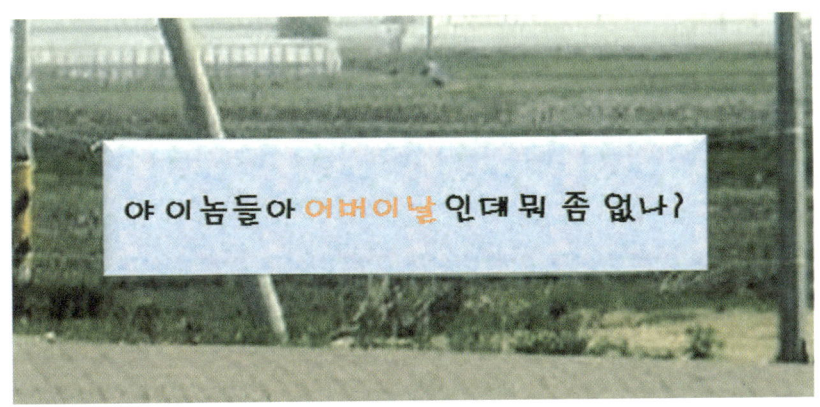

3. 할머니의 부탁

연세가 80이 넘은 할머니가 전화를 거시려고 수화기를 들고 다이얼을 하나하나 누르고 있었다. 노인인지라 다이얼을 하나하나 차근차근 누르다보니 전화기에서 이런 소리가 들렸다.

"다이얼이 늦었으니 다시 확인하시고 걸어 주십시오."

그러자 연세 많으신 할머니가 애절한 표정으로
"애고, 그러지 말고 좀 연결해 주구려. 늙은이라서 빨리 못 눌러서 그려, 좀 연결해 주구려."

※ 한 실험결과로 서울대학교 가정의학과 박민선 교수는 입꼬리가 올라가고 몸이 흔들리며 입이 벌어질 때, 그리고 그런 상황이 15초 이상 지속될 때 우리의 뇌에서는 감정중추가 자극을 받으며 우리 주인이 지금 기분이 좋아서 웃고 있구나. 하고 생각하면서 엔도르핀이 분비되어 나오는데 이 억지웃음은 우리의 뇌를 속이는 결과를 얻게 된다. 억지로 웃는 웃음도 기분이 좋아지는 환희와 기쁨을 맛보게 되었다고 KBS무엇이든 물어 보세요 프로에서 방송을 통해 발표하였다.

사람은 하루 5~6만가지 생각을 한다
- 75%인 3~4만가지는 부정적 생각이다.
- 마음이 건강해야 몸도 건강해 진다.
- 통쾌한 웃음이 자신감을 만든다.
- 조직을 이끄는 지도자, 기업의 CEO 사람을 휘어잡는 웃음의 소프트한 카리스마가 있어야 성공한다.

4. 고추부대

지하철에서 있었던 일이다. 한 할아버지가 고추부대를 가지고 지하철을 탔다. 좌석에 앉아 있는 아가씨 앞에서 말했다.

"아가씨, 다리 좀 벌려봐."

"아니 왜요?"

"왜기는, 고추 좀 집어넣게!"

한참을 타고 가다가 지하철이 급정거를 하면서 고추부대가 넘어졌다. 이때, 할아버지가 하시는 말이

"아가씨, 미안한데 고추 좀 세워줘."

다음 역에서는 지하철이 급정거를 하면서 고추가 몇 개 바닥으로 떨어졌다.

"아가씨, 고추가 빠졌네, 고추 좀 집어 넣어줘."

옆자리에 앉아있던 할머니가 이 고추를 보고 탐을 내며 하시는 말,

"에구, 고추가 탐스럽기도 하네. 나는 어디서 저런 고추를 구한담."

이 아가씨는 도무지 얼굴이 빨개져서 그대로 있을 수가 없어서 자리에서 일어나 좌석을 양보하려 하는데 할아버지 왈

"아가씨! 다리 좀 벌려봐, 다 왔으니 고추 좀 빼게."

* 웃음의 가장 좋은 효과는 혈액순환 개선이다. 격렬할 정도의 한바탕 웃음을 웃고 나면 온 몸이 후끈거리고 더워지는 것을 느낄 수 있다.

혈액이 잘 순환되면 우리의 몸은 최상의 컨디션을 유지하여 노화가 방지되고 혈당치가 내려가고 온 몸의 냉증이 개선된다. 우리의 장기에 쌓여있는 숙변도 복근운동으로 다량 방출되는 놀라운 효과를 가져 온다.

 * 미국의 엘라 휠러 윌콕스는
"웃는 사람에게는 복이 많이 온다. 한 번 웃으면 한 번 젊어지고 한 번 화를 내면 한 번 늙게 된다. 인생이 노래처럼 잘 흘러갈 때는 명랑한 사람이 되기 쉽다. 그러나 진짜 가치 있는 사람은 웃는 사람이다. 모든 일이 잘 안 흘러 갈 때도 웃는 사람 말이다." 라고 말했다.

그러므로 웃자! 웃음은 그가 속한 가정 직장 사회에 행복을 가늠하는 척도가 되기 때문이다.

5. 시어머니의 메모지

어느 부부가 이야기를 하고 있는 것을
시어머니가 듣게 되었다.
며느리 : "자기야, 이 세상에서 누가 제일 좋아?"
아　들 : "그야 말하나마나 자기지 누구야."
며느리 : "그럼 그 다음은 누구지?"
아　들 : "우리 집 귀엽고 깜찍한 딸 냄이지."
며느리 : "그럼 세 번째는 누구지?"
아　들 : "응 그건 예쁜 자기를 낳아서 나에게 주신 우리 장
　　　　　모님이지."
며느리 : "그럼 네 번째는 누구지?"
아　들 : "음… 우리 집 예쁜 강아지지."
며느리 : "그럼 다섯 번째는?"
잠시 망설이던 아들이 하는 말,
아　들 : "응, 그 다음은 우리 어머니야."

문 밖에서 이 소리를 들은 시어머니는 다음 날 아침
경로당을 가면서 냉장고에 메모지를 붙여 놓고 나갔다.

"1번 보아라! 5번 경로당 간다."

※ 우리가 진짜로 기분이 좋아서 웃는다면 하루에 몇 번이나 마음 놓고 웃게 될까? 많은 사람들이 하루에 단 한 번도 웃지 못하고 보내는 날이 허다하게 많다고 본다.

"행복해서 웃는 것이 아니고 웃어야 행복해 진다."라고 윌리엄 제임스는 말했다. 그렇다면 억지로라도 웃어보자. 그 웃음은 당신에게 진짜 웃음의 효능인 행복과 건강을 안겨줄 것이다.

6. 짐 값은 무료

시골에서 딸네 집을 찾아 상경한 할머니가 택시를 탔다.
"봉천동까지 택시비가 얼마유?"
택시기사가 슬쩍 보니 시골 할머니가 틀림없어 보였다.
"시골 할머니가 틀림없다. 봉 잡았다."
라고 생각한 운전기사는 바가지요금을 불렀다.

"원래는 오만 원 인데요, 할머니 내가 특별히 삼만 원에 해 드릴게요."
깜짝 놀란 할머니는 정색을 하면서,
"그럼 이 짐 값은 얼만감?"

택시기사는 크나큰 인심이나 쓰는 듯이 대답했다.
"할머니, 짐은 무료로 실어다 드리지요."
"응 그려! 나 돈 없어! 나는 지하철 타고 갈 테니깐 이 짐이나 실어다 줘!"

※ 긍정적인 말 한마디가 듣는 사람으로 기분 좋은 마음으로 웃게 만든다. 긍정적인 단어로 말하는 습관을 기르자.

"고기는 바늘로 낚고 사람은 말로 낚는다." 라는 러시아의 속담이 말 한마디의 중요성을 깨닫게 해 주는 말이다.

7. 할아버지의 소원

어느 부부가 결혼 한지 35년이 되었다. 부부가 결혼기념일을 맞이하게 되었는데, 요정이 나타나서 소원 한 가지씩을 들어 주겠다고 약속했다.

할머니가 먼저 소원을 말했다.
"우리는 35년을 살았어도 가난해서 여행한번 제대로 못 했어요. 세계일주 여행이나 한 번 해봤으면 좋겠네요."
말이 떨어지자 요정이 지팡이를 흔들며 주문을 외우자 무료 세계여행권이 나왔다.

할아버지 차례가 되었다. 65세 된 할아버지의 소원은.
"나 보다 스물다섯 살 젊은 여자와 살아 보았으면 좋겠네요."
그 소리를 마치자 요정이 지팡이를 흔들며 주문을 외웠다.
순식간에 할아버지는 90세의 노인이 되어버렸다.

※ 우리가 하는 말 한마디가 생각과 몸을 지배한다는 사실을 생각한다면 한마디의 말도 깊이 생각하고 다듬어야 할 것이다. 스트레스를 유발할 수 있는 단어나 자기 스스로를 비하하는 말 한마디가 우리의 마음과 몸을 망치게 한다. 결코 부정적인 단어를 입에 올리지 않도록 조심 또 조심해야 한다.

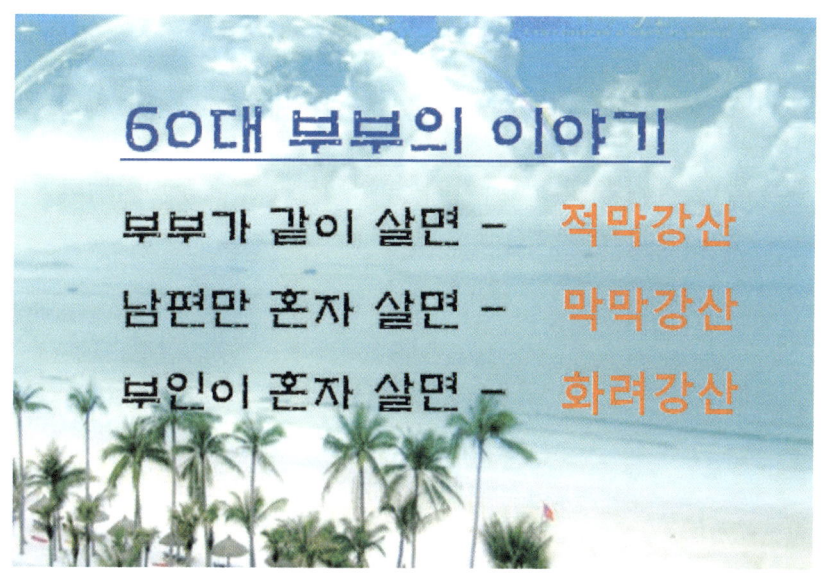

8. 2,500원부터 다 봤어

어떤 할머니가 택시 기본요금이 2,500원 할 때 택시를 타고 가다가 요금이 3,000원 될 때 택시를 세웠다. 할머니는 500원짜리 동전 한 개를 주고 택시에서 내렸다.

그 순간 택시기사가 깜짝 놀라며 말했다.
"할머니, 할머니! 2,500원 더 내셔야지요."

할머니는 이때 가소롭다는 표정으로
"이놈아, 늙은이라고 바가지를 씌워! 아까 2,500원부터 나오는 거 다 봤어!"

* 유머는 장소와 시간과 대상이 누구냐에 따라 잘 선택해야 한다. 급한 볼일이 있어 바쁘게 움직이는 사람을 붙잡고 "아주 재미난 이야기하나 있는데 듣고 가시지요?" 라고 했다면 분위기가 이상해 질 것이 아닌가?

아무리 중요한 이야기라도 유머가 넘치는 이야기도 타이밍이 나쁠 때는 성립될 수가 없다는 사실과 장소를 분별하지 못한 유머라면 역효과가 나고 분위기는 어색하게 변하고 말 것이다.

웃음과 감사는 유전자도 바꾼다!

– 정신적 인자는 좋은 유전자를 만드는데 기여한다

– 무라카미 가즈오 –

* 긍정적이고 감사하는 인자는 좋은 유전자를 만들고 부정적인 인자는 좋은 유전자의 발생을 억제한다.
* 마음이나 생각 같은 정신적인 요인이 중요하다.

–심신일여(心身一如) 마음과 몸은 하나다–

9. 경상도 할머니

어느 경상도 할머니가 택시를 탔다. 택시기사가 물었다.
"어디 가시나요?"
"왜! 이눔아, 경상도 가시나다."
하면서 택시기사 어깨를 때렸다.

할머니는 한남동에서 종로까지 가는데 택시요금이 3천원 나왔다. 택시에서 내리면서 할머니는 1,500원을 냈다. 택시기사는 깜짝 놀라며 하는 말
"할머니 3천원 나왔는데요?"
"이눔아, 너하고 나하고 둘이 탔으니까 반만 내면되잖아."
택시기사는 또 맞을까봐 아무 말도 못하고 떠났다.

* 많은 사람들이 '유머는 선천적으로 타고 나는 것'이라는 고정관념에 사로잡혀 스스로 개발하는 것은 아예 불가능한 것으로 생각하고 있다. 그러나 적당한 교습과 훈련은 유머를 개발하고 만드는 큰 역할을 한다.

단순한 말의 재치에서 벗어나 강의나 대화 속에서 적절한 유머를 사용함으로 보다 더욱 향상되고 흥미로운 강의를 할 수 있게 될 것이다.

> 한번은 서울의 택시기사가 공주에 갔는데
> 앞에 있는 충청도 차가 너무 느리게 가는 바람에
> 신경질을 부리며 경적을 울렸다고 한다.
>
> 그랬더니 네거리 빨간 신호등에서
> 앞차 운전사가 내려 느긋이 서울 차로 다가와서는
> 손짓으로 운전석 창문을 내려보라고 하더란다.
>
> 덩치가 우람해서 객지 와서 한 대 맞고 가나 싶어
> 마음이 조마조마 했는데,
> 정작 그가 열린 창문에 대고 하는 말은
> 아주 느긋했다고 한다.
>
> "그러케 바쁘믄 어저께 오지 그랬시유."

10. 치악산에 갔다

어느 날 아파트 경로당에 갔더니 할머니는 한 분도 보이지 않고, 할아버지들만 앉아 계셨다. 평소에는 할머니들이 대세를 이룰 정도로 더 많았는데 이상했다.

노인회장님께 그 까닭을 여쭈어 보았다.
"응, 그 444호 할머니 있잖아, 그 노인네가 치악산에 갔다가 글쎄 젊은 놈에게 성폭행을 당했지 뭔가."

"아이고! 그 노인 70이 넘은 노인인데…
그래서 할머니들이 위로하러 가셨나 보군요?"

"아냐, 멋지게 치장하고 모두 치악산에 갔어!"

※ 이런 유머를 통하여 상황을 정상적인 것에서 전혀 예기하지 못한 비정상적인 것으로 풍자할 때 많은 사람들의 웃음을 자아내게 된다.

　노인들이 주책이니 노망이니 하지만, 아이들에게 소녀시대가 있는 것처럼 아줌마들에게는 나훈아도 태진아도 남진도 있는 것이다.

　웃음의 특징은 면역력 증강에 있다. 10분만 크게만 웃어도 NK세포 등 21가지 이상의 면역 기능이 30%이상 증가하여 우리의 몸 상태는 최적으로 향상되어 각종 병원균이 사멸하고 특히 암세포가 죽게 된다.

11. 신 노인 5불출(新 老人 5不出)

우리 모두는 팔불출이라는 말을 자주 듣는다. 예를 들면 마누라 자랑하는 놈은 불출이고 자식자랑 하는 놈도 불출이라고 한다. 오래 전부터 유행하는 '신 노인 5불출'을 보면

1. 50대가 이력서 들고 취직 부탁하면 불출.
2. 60대가 어디 가서 노인 대접 받으려 하면 불출이고.
3. 70대가 어디 가서 비아그라 찾으면 불출이고.
4. 80대가 보약 먹겠다고 하면 불출이며.
5. 90대가 종합검진 받는다면 불출이다.

* SBS방송에 의하면 2개 월 동안 웃음을 통한 다이어트를 실험한 실험군에서는 8킬로그램의 감량을 이루었고 보통 다이어트를 한 대조군은 6킬로그램의 감량을 이루었다.

그러나 스트레스 지수를 보면 웃음다이어트 군에서는 스트레스가 없는 반면에 대조군에서는 스트레스 지수가 상당히 높은 것으로 나타났다. 10~15분 정도 크게 웃을 때 평균 40~45칼로리 정도가 소모된다는 것으로 밝혀졌다.

또한 웃음을 통해 다이어트에 성공한 사례는 많이 있다.

12. 남자들 치매 5단계별 증상

치매 1단계-소변을 본 뒤 바지 지퍼를 올리지 않고 나온다. (치매라기보다 건망증에 가깝다. 그러나 이런 증상이 너무 잦으면 병원 진료가 필요하다.)

치매 2단계-소변을 본 후 ××를 집어넣지 않고 지퍼를 올린다. (그게 얼마나 아픈지 해 보지 않은 사람은 절대 모른다. 좀 심각하지만 노력하면 고칠 수 있다.)

치매 3단계-화장실에 가서 지퍼를 내리지도 않았는데 ××를 꺼낸 줄 알고 소변을 본다. (상당히 중증이다 빨리 병원에 가서 치료해야 한다.)

치매 4단계-화장실에서 소변을 본 다음 ××를 털어 주는데 자기 것은 놔두고 옆에 사람 것을 털어준다. (심각한 중증이다. 노력과 병원 치료를 빨리 서둘러라.)

치매 5단계-며느리가 아이를 안고 쉬~ 하며 오줌을 뉘일 때, 어릴 때 엄마의 소리인 줄 착각하고 쉬가 나온다. (구제가 불가능, 하나님의 부르심이 멀지 않았다.)

※ 치매는 알츠하이머병 치매와 혈관성 치매, 두 가지로 분류되고 있다. 그러나 대부분 노인들에게서 흔히 생기는 알츠하이머병 치매를 앓고 있다. 알츠하이머병 치매는 노령화에 의해 뇌세포가 죽어서 생기는 병이고 혈관성 치매는 고혈압, 당뇨병, 고지혈증 등 질환을 잘 관리하지 못해서 뇌세포가 망가져서 생기는 질환이다.

그러나 웃음은 혈관이 확장되어 혈액 흐름을 원만하게 해주고 뇌세포에 많은 산소를 유입시켜 뇌세포를 건강하게 유지시켜주므로 치매는 물론 중풍의 예방과 치료에 매우 좋은 것으로 밝혀졌다.

13. 수단 좋은 판매원

  노인 부부가 가스보일러를 사러갔다. 보일러를 이것저것 둘러보며 직원과 상담을 했다. 직원은 친절하게 한 제품 앞으로 가서 제품의 우수성을 홍보하며 권했다.
"이 제품은 난방도 잘되고 따뜻한 온수도 잘 나오는 신제품이고 가장 인기가 좋은 제품입니다. 이 제품으로 하십시오."

  부인은 별로 맘에 들지 않는 표정으로 물었다.
"또 다른 기능은 없나요?"
"가스비도 저렴하게 들고 특히 뜨끈뜨끈해서 남편께서 좋아하실 겁니다."

  그러자 부인이 말했다.
"아휴! 이젠 지겨워요, 죽지도 않고… 방 뜨겁게 해 놓으면 나가지도 않고 집구석에 박혀서 잔소리나 해대고…."

  이 말을 들은 직원은 씽끗 웃으며 이렇게 말했다.
"뒤에 있는 이 스위치를 눌러놓으면 가스가 조금씩 새는 기능도 있습니다."

※ 웃음은 죽어가는 우리의 뇌세포에 혈액순환을 통해 많은 양의 산소가 공급되면서 죽어가는 뇌세포를 살려준다.

  그러므로 치매에 걸리지 않고 건강하고 즐거운 삶을 영위하기를 원한다면 마음의 문을 활짝 열고 건강한 웃음으로 많은 사람들과 대화하고 교류하면서 살아야한다.

크고 길게 웃는 웃음은 유산소 운동이 되어 온 몸으로 혈관을 통하여 산소가 퍼지게 하며 특히 뇌에 많은 산소가 전달되므로 죽어가는 뇌세포를 건강하게 유지시켜 주므로 치매나 중풍의 예방과 치료에 매우 좋다.

14. 같이 가, 처녀!

어느 동네에 공주병이 심한 할머니가 살고 있었다. 할머니는 시장에 가서 생선을 사 가지고 집으로 오고 있었다. 이때 뒤에서 트럭이 한 대 쫓아오면서 하는 말,

"같이 가! 처녀! 같이 가, 처녀!" 하는 것이 아닌가.
할머니는 공주병까지 있으므로…
"아이고 팔십이 넘은 이 늙은이를 처녀라고 하네."

기분이 극도로 좋은 공주병 할머니는 이 소리를 더 똑똑히 듣기 위하여 주머니에 들어 있는 보청기를 꺼내 귀에 꼽았다.
그 때, 보청기를 통해 들리는 소리는

"갈치가 천 원! 갈치가 천 원!" 이었다.

＊ 우리가 사는 세상은 정말로 많은 오해 때문에 감정의 골이 깊어지고 결국은 관계가 악화되어 회복하기 어려운 상황에 이르는 것을 많이 본다.

오해를 참고 또 참아서 좋은 결과를 얻는다면 얼마나 좋은 세상을 만들까?

15. 의사도 못 살리는데

어느 80대의 할머니가 암 말기 판정을 받게 되었다.
"할머니, 암세포가 너무 퍼지고 심해서 치료가 불가능합니다. 맛있는 음식 많이 드시고 편안하게 지내세요."

할머니는 낙심의 한숨을 내쉬며 터덜터덜 집으로 돌아왔다.
잠을 자려해도 도무지 잠이 오질 않았다. 몸을 뒤척이고 있는데 갑자기 강도가 들어와서 칼을 들이대며
"할머니! 돈 내놔, 돈을 내 놓으면 살려주고 안내 놓으면 찌를 거야."

이 말을 들은 할머니가 자리에서 벌떡 일어나서 강도의 뺨을 한 대 갈기며,
"야! 이 사기꾼 같은 도둑놈아, 의사도 나를 못 살린다고 했는데 네놈이 나를 살려준다고."

※ 일본의 후지TV의 2005년 8월 14일 방송에서는 이렇게 강조하였다.

"매일 많이 웃으세요! 그러면 혈액이 깨끗해지고 뇌가 활성화되어 생활습관 병이나 뇌 질환을 예방하는데 큰 도움이 된답니다."

"평소에 웃을만한 상황이 많을수록 좋겠네요. 가능하면 웃을 때는 혼자서 웃지 말고 가족들이나 친구들과 함께 이야기를 나누든지 TV를 보면서 박장대소 하는 게 건강에도 아주 좋다는 말씀이로군요."

웃음은 **심장병**에도 효과가 크다
+ 협심증이나 심근경색은 심장혈관에 콜레스테롤이나 고지혈증 등으로 혈관이 막혀서 생기는 위험한 질환이다.
+ 한바탕의 웃음은 혈액순환을 개선시키므로 심장병을 예방하는 효과가 크다.
+ 고혈압은 낮추어 주고 저혈압은 높여 주므로 웃음의 효과는 엄청난 것이다.

16. 머리 좋은 할머니

어느 은행에 매월 15일 12시만 되면 오천만 원씩을 입금하는 70대의 할머니가 있었다. 지점장은 그 할머니에게 차를 대접하면서 물었다.

"할머니는 뭘 하시는 분이신데 매달 오천만 원씩을 입금하십니까?"

"뭐, 난 별거 하는 일도 없이 내기하는 재미로 살지."

"아니, 할머니가 무슨 내기를 하시는데요?"

"아무거나 다 하지 오천만 원 내기면 다해."

"아니, 뭘 내긴 줄 알아야 하든지 말든지 하지요?"

"지점장, 미안하지만 난 평생 독신으로 살아서 잘 모르는데 남자는 ×알이 몇 개인가?"

"그야 당연히 두 개지요."

"그래, 그걸로 하지, 내가 이번 달 15일 12시에 오면 지점장 ×알이 세 개가 될 걸세, 그렇지 않으면 내가 오천만 원을 주지."

지점장은 기가 막혔지만 당연히 승산이 있다고 생각하고 흔쾌히 승낙했다.

"할머니 그런 일은 절대 없을 겁니다. 후회하기 없기에요?"

×알이 세 개가 될 일은 없지만 오천만 원을 번다고 생각하

니 기분이 좋았다. 그러나 불안한 생각이 들어 자꾸 만져 보아도 두 개는 틀림이 없었다.

마침내 약속한 15일 12시가 되자 할머니가 웬 중년 남자 두 명과 같이 들어왔다.
"할머니 오셨네요, 그런데 저 뒤의 손님은 누구시지요?
"응, 오천만 원 내긴데 증인은 있어야지, 증인이여."
"어디 봐, 바지도 내리고 팬티도 내려."

지점장은 창피하기도 하지만 하는 수 없이 바지를 내렸다. 할머니가 지점장 ×알을 만져보며 하는 말,
"하나, 둘… 아이구 두 개밖에 없네, 내가 졌구려. 자, 오천만 원 받아."

두 명의 신사는 머리를 벽에 쾅쾅 찧으며 비명어린 소리를 질렀다.
"자, 봤지? 15일 12시에 지점장 ×알을 만졌으니까 내기한 대로 각각 오천만 원씩 내놔."
그리고 창구로 가더니 두 사람에게서 받은 돈 1억 원을 입금시킨 후 사라졌다.

17. 한 마에 뽀뽀 한 번

어느 포목점에 할아버지와 예쁜 손녀딸이 비단을 사러 남자가 사장인 포목점에 왔다. 할아버지는 의자에 앉아 있고 비단을 이것저것 고르던 손녀가 하나를 골라들고 사장에게 물었다.
"사장님, 이 비단으로 사고 싶은데 한 마에 얼마씩인가요?"

엉큼한 사장은 장난기가 발동하여 이렇게 대답했다.
"아가씨가 사면 한 마에 뽀뽀 한 번이면 됩니다."
이 소리를 들은 아가씨는 회심의 미소를 지으며 비단을 골라들었다. 계산대 앞에선 아가씨가 사장에게 하는 말

"사장님, 계산은 우리 할아버지가 하실 거예요."

＊ 억지웃음도 효과는 거의 같다. 아무리 웃음이 좋다고 하지만 억지로까지 웃을 필요가 있겠는가? 라고 반문할 수도 있다. 그러나 이것은 잘못된 편견이다. 우리의 뇌는 웃을 때 이것이 진짜웃음인지 억지웃음인지 잘 구분하지 못한다.

다시 말하면 억지로 웃었을 때도 진짜로 웃었을 때와 거의 같은 효과를 볼 수 있기 때문이다. 우리의 몸과 뇌는 억지로라도 웃을 때 어떻게 해야 할지를 정확하게 알고 있다.

18. 임자 오면 주지

　독립기념관에 어떤 할머니 한 분이 관람하기 위해 들어섰다. 한참을 이곳저곳 둘러보던 할머니는 다리도 아프고 피곤하여 의자에 앉아서 쉬고 있는데 관리인이 찾아와서 말했다.

　"할머니, 이 의자는 김구 선생님이 쓰시던 의자인데 앉으시면 안 돼요."
　그래도 들은 척도 안하고 할머니는 의자에 앉아 있었다. 관리인이 다시 찾아와 할머니에게 일어나기를 청했다.
　"김구 선생님 의자이니까 비켜주세요."
　관리인의 말을 가만히 듣고 있던 할머니가 신경질을 벌컥 내며 말했다.

　"이 양반아! 임자 오면 비켜주면 될 거 아냐!"

※ 웃을 때, 온 근육과 신경계가 활성화되어 엔도르핀이 나오고 면역계가 향상되어 우리의 몸은 최적의 상태로 변한다. 하지만 너무 짧게 간단히 웃을 때는 뇌가 속지 않는다.

　15초 이상 웃을 때에만 "기분이 좋아서 웃고 있구나." 하면서 우리 몸에 감정을 좌우하는 대뇌중추에서 건강회춘에 명약인 엔도르핀이 나오게 된다.

19. 다리 나이는 동갑

어느 할머니가 다리에 퇴행성관절염이 생겨서 심하게 아팠다. 장마철이 이르자 더욱 심하게 다리가 아파 병원을 찾게 되었다.

"의사 선상님, 왼쪽다리가 날씨가 궂으니 더욱 아파서 도무지 참을 수가 없수. 고칠 수나 있는 병인지?"

할머니는 심각하게 자기의 아픈 증상을 설명했는데도 의사는 대수롭지 않게 대답하였다.

"할머니, 걱정하지 않으셔도 돼요. 나이가 들면 다 그런 증상들이 생기게 되거든요."

이 말을 들은 할머니가 버럭 화를 내면서 하시는 말

"여보슈, 의사양반! 멀쩡하게 안 아픈 내 왼쪽다리도 나이는 동갑이라네."

＊ 유머는 비판적이기도 하지만 창조적인 생각을 북돋우는 데 놀라운 효과를 발휘한다. 과장된 표현으로 생각할 수도 있으나 제대로 성숙한 인격을 갖춘 많은 사람들이 유머감각이 뛰어난 경우가 많았고 반대로 인격적으로 미숙한 사람들에게서 유머감각이 부족한 경우를 많이 볼 수 있다.

유머를 내 것으로 만들자
* 남의 유머를 기록해 놓는 습관을 기른다.
* 친구나 지인들과 만날 때 유머를 구사한다.
* 내 맘에 드는 유머를 숙지한다.
* 연습하고 다듬어서 내 것으로 만든다.

20. 새끼손가락이 할 일

하루는 손가락 다섯 개가 서로 잘났다고 자랑하며 뽐내고 있었다. 먼저 엄지가 하는 말이
"내가 최고다! 일등이라고 말 할 때 누구를 내미는가? 바로 나를 내밀지 않는가? 그러니까 내가 최고다."라며 뽐냈다.

그러자 검지가 하는 말이
"아니다, 내가 최고다. 저 건너편 송아지가 뉘 집 송아지인가? 하며 손가락질 할 때 누구를 내미는가? 바로 나를 내밀지 않는가?"라고 말했다.

이에 질세라 가운데 손가락 중지가 하는 말이
"웃기는 소리! 누가 가장 큰지 키 한번 대보자."하며 큰소리를 쳤다.

이에 질세라 약지가 하는 말이
"너희들 잘 났다고 큰소리치지만 귀중한 결혼반지, 약혼반지, 어느 손가락에 끼냐? 그리고 약속할 때 누구를 써 먹냐?"라고 말했다.

새끼손가락은 아무 말 못하고 잠잠히 있다가 입을 열었다.
"그래 너희들 모두 잘났다. 그래도 나도 한 마디 해야겠다.

내가 없으면 너희 모두가 장애인이다. 그리고 귀를 후빌 때도 내가 하고 코를 팔 때도 내가 한다. 나도 쓸데가 있단 말이다."

＊ 우리는 새끼손가락처럼 보잘것없는 존재가 될 수도 있다. 그러나 비록 쓸데도 없고 초라한 존재이지만 우리는 귀하게 사용될 무한한 가치가 있음을 알고 작고 시시한 일처럼 여기는 많은 일들이 내가 해야 될 일임을 알아야 한다. 그리고 내가 없다면 이 세상은 어떻게 될 것인가를 생각해야 한다.

21. 천생연분

　TV에서 노인프로그램에 80이 넘은 노인 부부들이 출연했다. 방청객들과 시청자들이 폭소를 자아내는 유쾌한 프로로 진행되면서 어느 한 쪽에서 낱말이 적힌 글자판을 보고 상대에게 설명해 주면 답을 맞히는 게임이었다. 어떤 할아버지가 '천생연분'이라는 글이 적힌 글자판을 보고 할머니에게 자신 있게 그 뜻을 설명하였다.
　"당신하고 나처럼 오래 동안 잘 사는 사람을 무슨 사이라고 하지?"

　할머니는 잠시 생각하더니, 회심의 미소를 지으며 자신만만하게 대답했다.
　"웬수"
　방청석과 시청자들 모두가 웃음으로 뒤집어졌다.
　"그것 말고, 네 글자로 뭐라고 하지?"

　할머니는 이번에야 자신 있다고 생각하며 대답했다.
　"응, 평생 웬수!"
　할아버지는 두 사람 사이를 빗대어 '천생연분'을 설명하려 했으나 할머니는 '평생 웬수'로 여기고 있었던 것이다.
　사회자가 할아버지에게 물었다.
　"할아버지! 그 동안 부부싸움을 안하셨나요?"

"그럼은요, 할머니가 내 마음을 알고 모두 받아주었지요. 우리는 천생연분입니다."

그러나 할머니의 대답은 너무 달랐다.
"부부싸움 말이요? 말도 마세요, 내 속이 다 썩어 없어진 줄 누가 알겠어요. 검정이 된 내 속을 하나님이나 알까."

* 이 이야기는 방송에 방영된 실화다. 이 이야기는 그냥 웃고 넘어갈 수도 있는 이야기 가운데 하나가 될 수도 있다. 그러나 수십 년을 같이 살아온 노부부이지만 그들의 생각은 엄청난 차이가 있었음을 알려주는 교훈이 된다.

특히 요즘은 황혼이혼이 급증하고 있는 것이 사실이다. 할아버지는 금슬 좋게 천생연분으로 잘 살아온 것으로 착각하고 있었고 할머니는 평생 동안 속 썩이고 가슴앓이 해 온 것들이 평생 웬수라고 말하게 만들었던 것이다.

3. 교훈이 되는 유머

1. 형의 반바지

어느 날 동생이 형님 댁을 찾아와 으스대고 있었다. 그런데 동생의 바지는 반바지도 아니고 긴 바지도 아닌 어정쩡한 바지를 입고 있었다. 형이 동생에게 물었다.

"동생은 뭐가 좋아서 싱글벙글하고 있나? 그리고 그 바지 꼴이 반바지도 아니고 긴 바지도 아닌 그게 뭔가?"

"형님, 내가 너무 기분이 좋아서 형님께 보여드리려고 왔지요. 어제 시장에 가서 바지를 하나 사왔는데, 너무 길어서 길이를 좀 줄이라고 했더니, 아내가 줄여 놓은 걸 모르고 큰 딸이 줄이고, 작은딸이 또 줄이다 보니 이 모양이 되었지요."

"아니 그러면 화를 낼 일이지 뭐가 좋다고 싱글벙글하고 있는가?"

"형님! 아내도 큰딸도 작은딸도 모두 나에게 관심을 가지니 이게 즐겁고 신나는 일이 아니고 무엇입니까?"

이 말을 들은 형님도 시장에 가서 바지를 사다가 식구들의 관심을 보려고 동생처럼 말하며 놓았다. 그러나 3박4일이 지나도 바지는 방 귀퉁이에 나돌더니 결국은 세탁소로 가고 말았다.

※ 우리는 많은 오해와 진실 속에서 살아가고 있다. 관심을 받는 것도 중요하지만 관심을 끌 수 있도록 행동 하는 것은 더욱 중요하다.

가족들에 대한 사랑과 자상한 보살핌은 그들의 관심의 대상이 될 수 있다. 자신의 행동에 따라 가족들의 관심이 온다는 것을 잊지 말아야 한다.

> 행복하다고 믿어야 한다, 그렇지 않으면 행복은 결코 오지 않는다.
> -D 맬러크-

2. 무학 대사와 이성계

이씨 조선의 태조인 이성계와 무학 대사는 많은 인연과 함께 절친한 친분을 맺고 있었다. 조선의 건국을 도와주었고, 도읍을 개성에서 서울로 옮기는 것도 무학 대사가 터를 잡아 주고 열심히 도와주었다.

하루는 오랜만에 무학 대사가 궁궐을 찾아왔다. 반가운 나머지 태조 이성계가 무학 대사에게 농담을 건넸다.

"대사님! 오랜만에 보니 대사님 얼굴이 꼭 돼지 같소이다."

이 소리에 무학 대사는 그냥 껄껄 웃었다. 태조 이성계가 다시 한마디를 건넸다.

"대사님! 과인이 한 마디 했으면 대사께서도 한 마디 해야 하지 않겠소?"

이 소리에 무학 대사가 다시 한 마디 했다.

"전하께서는 용안이 꼭 부처님을 닮았습니다."

"아니 과인은 대사를 보고 돼지 같다고 농담을 했는데 대사께서는 나 더러 부처님 같다니요?"

이 말에 무학 대사의 유명한 대답은 이러했다.

"부처님 눈에는 부처가 보이고요, 돼지의 눈에는 돼지가 보이지요, 저도 농담을 해 보았습니다. 허! 허! 허!"

※ 가는 말이 고와야 오는 말도 곱다는 이치를 이 이야기를 통하여 새삼 깨닫게 되며 뼈도 없는 우리의 혀이지만 많은 사람들을 죽이고 살리는 혀의 중요성, 그리고 한 마디의 말이 얼마나 중요한지를 다시 한 번 생각하는 기회가 되길 바란다.

3. 특별한 선물

스승의 날이 되었다. 학생들은 저마다 선생님에게 드릴 선물을 가지고 찾아와 감사하다며 인사를 드렸다.

철수가 큼직한 상자를 하나 가지고 찾아와 인사를 드렸다. 철수네는 빵집을 하고 있으므로 선생님은 그 상자 안에는 케이크가 들어 있을 것으로 짐작했다.

조금 후에 영수가 큼직한 상자를 하나 가지고 들어왔다.

영수네는 음료수 상점을 하고 있으므로 선생님은 분명히 음료수가 들어 있을 것으로 짐작하였다. 그런데 상자에서 무엇이 뚝뚝 떨어지고 있었다. 선생님은 그 떨어지는 국물을 손으로 찍어서 입에 대면서 말했다.

"영수야 고맙다. 이거 콜라냐?"
"아니요."
"그럼 주스로구나?"
"아니요, 우리 집의 예쁜 강아지예요."

※ 사람들은 자기주의에 빠져있는 경우가 무수하게 많다. 내 짐작으로 내 잣대로 쉽게 남을 평가하고 비판하며 뒷 담화를 하는 경우가 종종 있다. 내 잣대, 내 기준으로 남을 보다 보면 실수하고 후회하는 자신을 보게 되고 결국 자신은 경솔한 사람으로 전락하게 되고 가치는 추락하게 된다.

- 우리가 세상을 살아가면서 가장 두려워 하는 것은 관계의 단절 즉 외로움이다.
- 용서는 가장 아름다운 이기적인 행동이다.

※ 뒷담화 많은 사람이 정보에는 빠르다.
그러나 좋은 평판은 얻지 못한다.
반면에 아드레날린이라는 분노호르몬이
생성되어 건강을 해치게 된다.

4. 말하는 저울

어느 집에 말하는 전자저울을 사왔다.
저울에 올라가면 "당신의 몸무게는 몇 킬로그램입니다."라고 정확하게 말해주는 저울이었다.

상당히 뚱뚱한 어떤 사람이 이 저울 위에 올라갔다. 그러자 전자저울에서 이렇게 말하는 소리가 들렸다.

"이 저울은 일인용입니다. 한 사람씩만 올라가 주세요."

천하일색이라는 양귀비의 실제 초상
아름다운 여인의 대명사인 양귀비는 몸무게가 70kg이 넘는 뚱뚱이였다고 한다 미인박명이라는 말처럼 그는 39세에 요절하고 말았다.

※ 요즘 비만인구가 점점 늘어가면서 이들의 스트레스가 극에 달하고 있는 실정이다. 더불어 비만이 아닌 사람들도 다이어트를 한다며 굶고 약을 먹고 이러다가 목숨을 잃는 안타까운 뉴스를 더러 듣게 된다.

이러한 스트레스는 웃음으로 풀어야 한다. 한바탕의 웃음은 스트레스 호르몬인 코티졸의 증가를 억제하므로 스트레스 해소와 더불어 엄청난 운동 효과로 다이어트를 성공하게 한다.

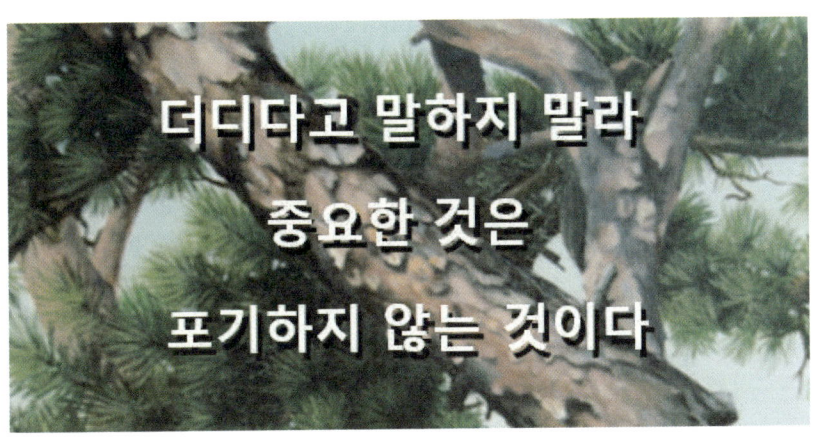

5. 내일은 공짜

　어느 이발소에 〈내일은 공짜로 이발을 해 드립니다〉라는 광고가 있었다. 많은 사람이 공짜 이발을 하려고 벼르다 다음 날 가서 이발을 마치고 감사의 인사와 함께 나오려니까

"네! 손님 일만 원 만 내시면 됩니다."라는 것이었다.
깜짝 놀란 손님이
"아니! 이발을 공짜로 해 준대서 들어 왔는데요."
"어디 공짜라고 되어 있습니까?"

둘은 밖에 나가 광고문을 보았다.
"여기 공짜라고 되어 있지 않습니까?"
"어디에 공짜라고 되어 있습니까? 내일에는 공짜로 해 드린다고 했죠?"
"나는 어제 이 광고를 봤단 말이예요."

"그럼 언제 오면 공짜 입니까?"
"내일이요. 오늘은 항상 돈을 받습니다."

＊ 내일은 당신의 날도 나의 날도 아닙니다. 단지 우리 모두는 오늘만 있을 뿐입니다. 그러므로 오늘에 충실하고 오늘을 가장 귀하게 여기고 지금 이 순간이 가장 귀함을 깨달아야 합니다.

금중에 가장 좋은 금은 99% 순금도 아니요. 정금도 아니요, 황금도 백금도 아니고 바로 지금입니다. 내일로 미루지 말고 지금 하십시오.

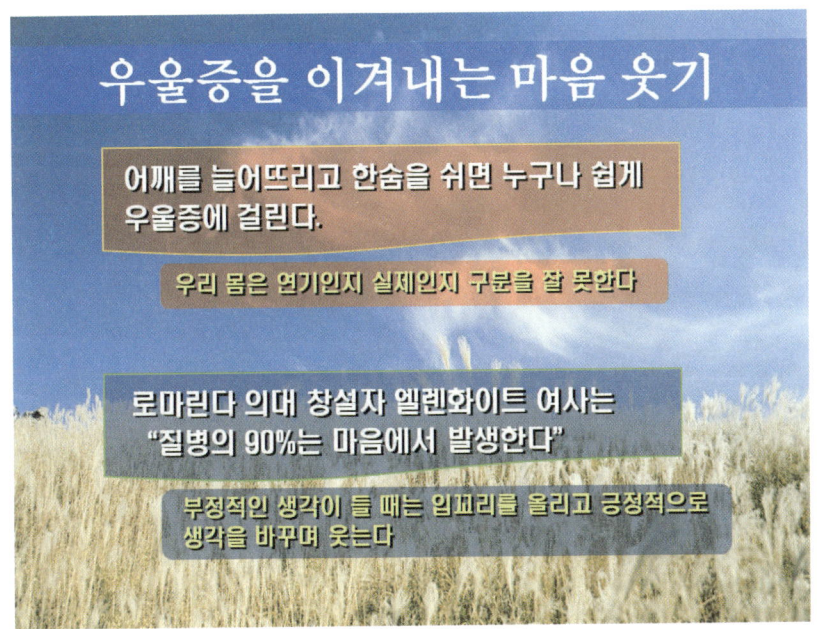

6. 식인종

영국의 한 도시에 아프리카 식인종의 지도자인 추장 한 사람이 초청을 받고 현대 문명을 배우고자 방문을 하게 되었다. 많은 사람들이 몰려와 이 식인종에게 호기심을 가지고 질문을 하였다.

"사람 고기 맛은 어떤가?"
"당신 부족의 식인 습관을 고칠 맘은 없는가?"
"영국에 와서 제일 배우고 싶은 것은 무엇인가?"
그런데 이 추장이 영국에 도착한지 며칠 지나자 1차 세계대전이 일어났다.

전쟁발발 후 며칠 만에 수많은 인명이 살상되고 시신을 처리하는 그 현장을 식인종 추장이 목격하게 되었다. 그는 이 비참한 현실을 보고 기자회견을 자청하게 되었다.
"영국이라는 나라는 도저히 이해 할 수가 없는 나라군요. 왜 먹지도 않으면서 이렇게 많은 사람을 죽이는 겁니까?"

※ 이 사람이 본 영국의 문화와 관습은 도저히 이해가 되지 않을 뿐 아니라 아프리카 자기들의 문화수준이 문명국이라는 영국의 수준보다 결코 못하다고 말할 수 없을 것이다.

이처럼 지방마다 다른 문화의 차이에서 파생되는 유머도 재미있지만 지방의 사투리에서 오는 유머도 교육적으로 매우 좋은 효과를 가져오게 된다.

좋은 말이 뇌에 입력되도록 하자

감사합니다. 고맙습니다.

미안합니다. 죄송합니다.

행복하세요. 건강하세요.

7. 초코렛 갑

　엘리자베스 테일러는 누구 못지않게 쵸코렛을 좋아하는 쵸코렛 애호가였다. 그는 어느 날 한 마을을 지나면서 쵸코렛을 먹고 그 갑을 차창 밖으로 버려버렸다. 그 쵸코렛 갑은 연세가 많은 할머니 앞에 떨어졌다.

　할머니는 그 차를 세우고 버려진 갑을 주워들고 물었다.
"이 갑 필요 없으세요?"
엘리자베스 테일러는 눈을 내려 깔고 대답했다.

"네, 필요 없습니다." 그러자 할머니는 쵸코렛 갑을 차 안으로 다시 집어던지며 이렇게 말했다.

"우리 마을도 이런 건 필요 없어요."

※ 얼마나 망신스럽고 창피한 일인가? 우리 주위에는 공중질서를 무시한 잘못된 행태가 지금도 공공연하게 일어나고 있다. 내가 가져온 쓰레기는 내가 처리하는 공중질서와 예의를 우리 대한민국 국민이라면 모두가 지켜 환하게 웃을 수 있는 나라를 만들어야 하겠다.

화 낼 때 나오는 독소

정신의학자 엘미게이씨는 감정분석실험에서 과학적으로 측정하기 어려운 놀라운 것을 발견했다.

육안으로 보면 아무것도 안 보이는 사람의 숨결을 시험관에 넣고 액체공기로 냉각 후 침전물을 살펴보면 사람의 생각에 따라 여러 가지 색으로 변한다고 한다.

화를 내고 있을 때 다갈색, 고통이나 슬플 때 회색, 후회스러울 때 복숭아 색을 띠었다. 다갈색의 침전물을 쥐에게 먹였을 때 몇 분내에 쥐가 죽었다고 한다.

만약에 한 사람이 한 시간 정도 화를 낸 침전물은 80명의 인명을 죽일 수 있는 것으로 밝혀졌다.

8. 대한민국 만세

태평양을 항해하던 산타마리아호가 큰 파도와 함께 침몰하게 되었다. 사람들은 급하게 보트에 옮겨 타고 떠나게 되었는데 조금 가던 배가 뒤집힐 위험에 처하게 되었다.

정원이 10명인 보트에 13명이 탔으므로 문제가 생긴 것이다. 3명이 자원해서 물로 뛰어내려 죽음을 선택하게 되었다.

미국인이 "미합중국 만세!" 하며 풍덩,
영국인이 "대영제국 만세!" 하며 풍덩,
한국인이 "대한민국 만세!" 하며 풍덩,

이렇게 세 사람이 물에 빠지고 10명이 남았으나 한국인은 살아 있었다. 이유가 무엇일까?

한국인이 만세를 부르며 옆에 있는 일본사람을 밀었다.

* 이런 유머는 일본이 위안부문제나 독도문제로 심기가 불편한 우리 민족에게 조금은 위안을 주는 유머라 할 수 있다. 우리가 흔히 사용하는 유머라도 그 속에 담긴 내용이나 풍자한 표현이 그 당시의 시사나 사회의 문제점을 유머러스하게 표현한다면 고급스럽고 더욱 교육적인 유머가 될 수 있다.

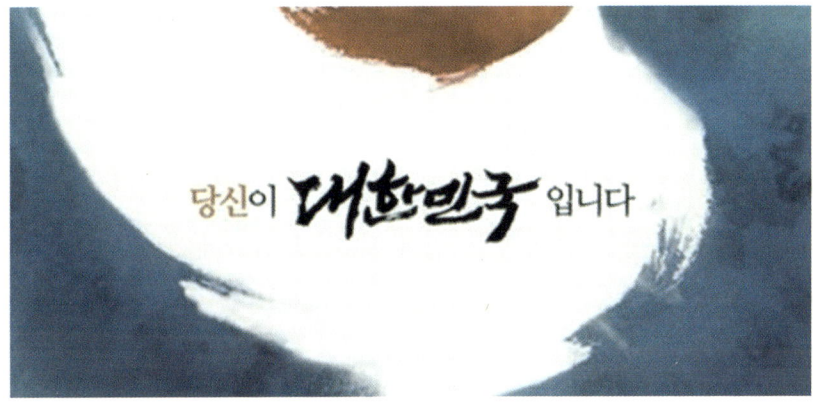

9. 치한 퇴치 방법

　전철 안에서 술에 만취한 승객이 제멋대로 소리를 지르며 한 여성승객에게 생트집을 하며 시비를 걸고 있었다. 모든 승객들은 이 꼴이 보기 싫어 외면하고 있었다. 이때 한 사람의 중년 신사가 닥아 오더니 주정뱅이에게 말을 걸었다.
　"야! 이 친구 오랜만이다. 나 몰라보겠어? 나를 몰라보는군. 원래 오랜만이라, 너 어디서 사냐? 나는 다음 역에서 내리는데."

　술주정꾼은 "넌, 뭐야?"라고 말하면서 힐끗 쳐다보았다. 이때 중년신사는 손가락을 입에 대고 승객들에게 비밀이라는 신호를 보냈다.
　"야! 오랜만인데 다음 역에서 내려 한잔하며 옛이야기라도 하고 가자? 자, 역에 도착했다. 내리자? 아가씨 미안합니다."라며 주정꾼과 내렸다.

　승객들은 안도의 숨을 내쉬며 미소 짓고 있을 때, 전철의 문이 막 닫히기 전, 이 신사는 술주정뱅이의 손을 놓으며
　"아차! 쇼핑백을 놓고 내렸네, 잠깐만."하며 전철에 올라 탔다.

　문이 닫히고 전철은 떠났다. 역에 남겨진 취한에게 손을 흔

들며 하는 말

"미안! 또 만나자. 잘 있어라." 라며 웃는 얼굴로 자리에 앉았다.

그의 모습을 바라보는 승객들은 마음속으로 그에게 박수를 보냈다.

＊ 세상에는 지겹고, 싫고, 미운 사람들도 더러 있다. 이렇게 사귀기 어려운 사람들은 대개가 참된 친구 하나 없이 외롭게 지내게 마련인데 문제는 자신이 그렇게 못된 사람으로 낙인찍혀 있는지를 모르는 경우가 많다.

다른 사람들과 따뜻한 말 한마디가 없고 말 한마디 한마디가 시비조로 가는 이런 사람들은 대개가 상대하기를 싫어하게 되므로 외톨이가 되고 서먹한 관계가 된다. 더구나 한잔 거나하게 마시고 나면 더 심해지는 경향이 많다.

10. 벼슬

 이조 숙종 임금이 평복을 입고 무감을 대동한 후, 민정시찰을 나와 남대문 근처에서 남루한 차림으로 앉아있는 한 선비를 만났다.
 임금은 그 선비에게 물었다.
"여기서 뭘 하고 계십니까?"

"시골에서 벼슬하려고 과거시험을 보러 왔다가 낙방하고 노자조차 떨어져 어떻게 하나 고민하고 있습니다."
"어허 참 안 됐구려. 벼슬을 준다면 아무 벼슬이나 하겠소?"
"댁이 뉘신지 모르지만 시켜준다면 해야지요."
"군수 자리를 준다면 하겠소?"
"그럼요, 준다면야 할 수 있지요."

"그럼 판서를 준다면 하겠소?"
"준다면야 하지요."
"정승을 시켜준다면 어떻게 하겠소?"
"까짓 거 준다면야 하지요."
"참으로 자신감이 넘치는 분이군요. 마지막으로 한 가지만 물읍시다. 임금 자리도 주면 하겠소?"
 이 말을 하는 순간 임금의 눈에서 불이 번쩍하고 튀었다.

"야! 이런 못된 자식아. 나 보고 역적질을 하란 말이냐? 이런 천하에 못된 후레자식 같은 놈아!"

깜짝 놀란 무감들이 이 무례한 낙방선비를 혼내주려고 하자 임금이 말리고 궁에 돌아와 신하들에게 한마디 했다.

"내 평생에 누구에게 맞아본 적이 없거늘 어제는 호되게 뺨을 맞았소이다. 그러나 매를 맞았어도 짐의 마음은 즐겁기만 하구려. 그 선비야 말로 진정한 선비며 충신이요."

* 임금은 그 선비를 위해 다시 특별과거시험을 치르게 하고 그 선비를 크게 등용하여 정승의 반열에 까지 오르게 하였다. 임금의 특별한 배려의 마음이나 낙방선비의 이야기는 인간들의 삶에 훈훈하고 정이 넘치는 우리나라의 충성심과 인간성이 듬뿍 담긴 유머 중 하나다.

11. 간장의 맛

스승과 제자들이 무예를 닦고 있던 어느 여름 날 밤이었다. 휴식시간에 스승은 제자들을 한 곳으로 모이게 한 후, 한 제자의 코에 썩은 생선을 갖다 대며 물었다.

"이 냄새는 어떤 냄새인고?"
"스승님, 이 냄새는 썩은 냄새이옵니다."
"그렇다면 네 마음이 썩었기 때문이니라."

두 번째 제자에게 캄캄한 밤하늘을 가리키며 물었다.
"저기, 밤하늘은 무슨 색깔로 보이는고?"
"스승님 저 하늘은 검은색으로 보입니다."
"어허, 그것은 네 마음이 검기 때문에 검게 보이느니라."

세 번째 제자에게 간장을 혀끝에 묻혀주며 말했다.
"이것은 무슨 맛인고."
"스승님, 이 맛은 짠맛이옵니다."

네 번째 제자에게 간장병을 들려주며 맛을 보라고 하자 잔머리를 잘 굴리기로 유명한 제자가 말했다.

"스승님, 제 입맛에는 매우 단맛이옵니다."
"오, 그러냐? 그러면 원 샷 하거라. 알겠느냐?"

＊ 27세에 백만장자가 되었고 지금은 억만장자의 대열에 들어있는 폴 J. 마이어는 자신의 경험과 인간교육을 바탕으로 기록한 그의 저서 〈성공을 유산으로 남기는 법〉에서 무엇보다도 웃음을 유산으로 남기라고 강조하였다.

많은 사람들이 자식에게 재산을 유산으로 남기려 하고 있다. 그러나 재물은 안개와 같아서 어느 날 어느 순간에 아침 안개처럼 덧없이 살아질 수도 있다. 이 유머를 통하여 우리의 내면의 생각과 외적인 생각이 어떻게 다른지를 다시 생각하는 기회가 된다면 좋겠다.

12. 엉큼한 병사

전쟁이 치열하게 전개되고 있을 때 유명한 여배우가 육군병원에 위문 차 방문을 하게 되었다. 여배우가 한 병사에게 물었다.
"적들과 어떻게 싸우셨습니까?"

병사1
- "이 손으로 적병을 때려 눕혔지요."
여배우는 이 병사의 손에 키스를 하고 다음 병사에게 똑같이 물었다.

병사2
- "예, 저는 이 이마로 적병의 머리통을 들이받았습니다."
여배우는 이 병사에게는 이마에 키스를 하였다.

옆에 누워 있는 다른 병사에게도 같은 질문을 하였다.
병사3
- "저는 입으로 물어 뜯어버렸지요."

※ 사내는 다 늑대란 말이 어울리는 유머다. 강의 도중에 이런 유머 한 토막을 사용하면 분위기는 한층 더 새로워지고 회중은 흥미와 집중력으로 강의를 경청하게 된다. 그러나 유머는 그때그때의 상황과 강의 내용에 걸 맞는 내용의 유머라야 더욱 그 가치가 빛나게 될 것이다.

억지로 웃는 웃음 보다는 마음속 깊은데서 우러나오는 웃음이 좋은 웃음이라 하지만 그러한 웃음이 나오기는 그리 쉽지 않다.
마음으로 웃는 좋은 웃음을 얻기 위하여서는 자부심을 일깨우는 자기칭찬 웃음 법이 좋다.

13. 낙하산

　미국에서 한 경비행기가 조종사를 포함한 5명이 타고 출발하였다. 신나게 달리던 이 비행기가 출발 20여 분만에 갑자기 비틀거리기 시작하자 조종사가 소리를 질렀다.

　"여러분! 큰일 났습니다. 이 비행기가 고장 나서 곧 추락합니다. 빨리 낙하산을 메고 뛰어내려야 합니다. 그런데 죄송하게 낙하산은 네 개 밖에 없습니다. 저는 살아야 하겠습니다." 하면서 낙하산을 메고 뛰어내렸다.

　다시 한 사람이 급히 달려들면서 "저는 이 나라 정치인인데 정치를 위해서라도 살아야 하겠습니다." 하면서 뛰어내렸다.

　한 사람이 다시 달려들어 낙하산을 메면서 "저는 기업인인데 우리 회사 직원 2백 명을 위해서 살아야 하겠습니다." 하면서 낙하산을 메고 뛰어 내렸다.

　이제 남은 낙하산은 한 개 밖에 없는데 사람은 80먹은 노인과 17세의 청소년 둘이 남아있었다. 누가 양보해야 하는가? 이때 80세의 할아버지가 청소년에게 울먹이면서 말했다.

　"애야, 이거 네가 메거라. 나는 살만치 살았는데 앞길이 창

창한 네가 메고 살아남아야지."

"할아버지! 할아버지 걱정 마세요. 아까 그 정치인 급한 나머지 낙하산 대신 내 배낭 메고 뛰어 내렸어요."

* 우리는 이 유머를 통하여 한 가지 큰 교훈을 얻게 된다. 세상사리가 녹녹하지 않고 스트레스가 많이 쌓이는 것이 현대인들에게 가장 어려운 문제다. 그리고 이 스트레스를 담배나 술로 해결하려는 실수를 범하고 있다.

아무리 우리의 생활이 어렵고 복잡해도 정신을 차리고 어느 것이 해결을 위한 급선무인가를 생각하고 낙하산 대신 배낭을 메고 뛰어내리는 실수를 범하지 말아야 하겠다.

4. 가정 유머

1. 뱃사공의 아들

소양강 나루터에 조그마한 나룻배를 가지고 사는 부부가 있었다. 하루는 남편이 다른 일이 있어 나오지 못하고 부인이 배를 젓게 되었다. 그런데 한 사람이 배를 타더니 부인에게 진한 농담을 하였다.

"아주머니는 이제 내 마누라야! 내가 아주머니 배를 탔으니까."

지나친 농담에 부인은 마음이 좀 상했으나 내색하지 않고 묵묵히 강 건너에 도착하게 되었다. 이윽고 사람들이 우르르 배에서 내리자, 아까 농담한 사람을 바라보고 하는 말이
"아들아 잘 가거라."
하고 소리를 지르니 많은 사람들이 모두 쳐다보았다.
이 부인은 태연스럽게 웃으면서 하는 말이

"내 배에서 나갔으니 당연히 내 아들이 맞지."

※ 작은 것에도 감사하자. 신발을 보면서 감사, 추운 겨울에 신발이 없다면 얼마나 발이 시리고 아프겠나, 하늘 보고 감사, 햇빛이 있으니까 우리가 수많은 혜택을 누리지 않는가, 나무 보고 감사, 나무가 있으므로 나무에서 나오는 각종 청량 물질로 우리가 건강을 지킬 수 있다. 모든 사물을 보고 감사하자.

성공하는 사람의 세가지 특징
1. 언제 보아도 활짝 웃는 밝은 미소로 타인을 배려하는 마음과,
2. 항상 감사하는 말을 하는 긍정적인 마음과,
3. 성실한 태도와 겸손한 자세를 가진 사람.

2. 변해가는 마누라

반찬투정

아이1명 일 때-"맛없어? 다음에 더 맛난 것 만들어 줄게."

아이2명 일 때-"이만 하면 먹을 만한데, 애들처럼 웬 반찬투정이야?"

아이3명 일 때-"먹기 싫으면 그만둬, 배부른 투정이야."

TV채널

아이1명 일 때-"당신 보고 싶은 것 봐, 나는 애기 재울게."

아이2명 일 때-"남자가 TV되게 밝히네, 쩨쩨하게."

아이3명 일 때-"채널 안돌려! 셋 센다, 하나, 둘 셋."

경제문제

아이1명 일 때-"많으면 좋지만, 이만해도 괜찮아."

아이2명 일 때-"돈! 돈! 돈! 불러도 대답 없는 우리 돈 언제나…."

아이3명 일 때-(월급봉투 받아보고) "오늘부터 하루 용돈 3천 원이야."

양육문제

아이1명 일 때 – "하나는 외로워, 둘은 돼야지."

아이2명 일 때 – "하나만 낳을 걸, 둘은 키우기가 정말 힘드네."

아이3명 일 때 – (남편의 아랫도리를 째려보며) "그러니까 진작 묶어 놓으라고 했잖아! 웬수야."

감기 걸린 남편에게

아이1명 일 때 – "약 먹고 좀 쉬어, 당신이 건강해야지."

아이2명 일 때 – "밤새 술 푸고 줄담배 빨고 안 아프면 정상이 아니지."

아이3명 일 때 – (콧물 훌쩍이는 소리에) "애들 감기 옮기면 죽는 줄 알어."

* 한국 사람이 잘 웃지 않는 것은 유교적 엄숙함이 웃음을 뺏어버렸는지도 모른다. 웃지 않는다면 웃을 때까지 기다릴 것인가? "재미있지요? 재미없어요?" 라고 물어볼 것인가?

재미있으면 웃지 말라고 통사정해도 웃게 된다. 아니다. 프로 강사라면 이때에 재치 있게 빨리 다음 내용으로 넘어가야 한다.

3. 첫사랑

어느 부부가 이야기를 하다가 남편이 부인에게 심문을 당하고 있었다.
"자기, 결혼 전에 사귀던 여자 있었지 솔직하게 말해봐?"
"그럼, 있었지."
"정말이야? 사랑했었어?"
"응, 뜨겁게 사랑했지."
"그럼, 뽀뽀도 했겠네?"
"그럼, 해봤지."

얼굴이 시퍼렇게 달아오른 아내는 손톱을 날카롭게 세우고 금방이라도 잡아먹기라도 할 것처럼 남편을 노려보며 말했다.
"그 여자 지금도 사랑해?"
"그럼 첫사랑인데 지금도 사랑하지."

이 소리를 들은 아내는 울상이 되어 마지막으로 소리를 빽 하고 질렀다.
"그럼 그년하고 결혼하지 그랬어!"
웃음을 간신히 참고 있던 남편이 이렇게 말했다.
"그래서 그년하고 결혼해서 살고 있잖아."

※ 웃음은 건강을 위협하는 중성지방의 분해효과가 크다. 중성지방은 물에 잘 녹지 않는다. 중성지방은 포도당과 더불어 세포의 중요한 에너지원이 된다. 중성지방은 음식을 통해 우리 몸에 들어오기도 하지만 간에서 합성되기도 한다.

죽음의 사중주라고 일컫는 고도비만, 고혈압, 고혈당, 고지혈증, 그 위험인자인 중성지방이 웃음만으로도 획기적으로 감소된다니 웃음치료야말로 경이적인 치료법이라고 하지 않을 수 없다.

고정관념 탈피

화장실과 처갓집은 멀어야 한다?
고정관념을 탈피하니 얼마나 편하고 살 맛 나는가?
안전하다는 고정관념이 타이타닉호를 침몰 시켰다.

4. 남편 자랑

어느 세 여자가 모여 남편 자랑에 기를 올리고 있었다.

여자1-"우리 남편은 공장 감독관인데 글쎄 그 밑에 부리는 사람이 20명이나 된대요."
여자2-"우리 남편은 군인인데 아랫사람이 자그마치 100명도 넘는대요."
여자3-"우리 남편은 그 밑에 적어도 5천 명은 있어요."

두 여자는 깜짝 놀라며 물었다.
"무슨 일을 하시는데요?"
세 번째 여자는 태연하게 대답했다.

"공동묘지에서 잔디 깎아요."

※ 일본의 한 연구에 의하면 3분간 크게 웃을 때 약 11칼로리가 소모되었고, 전력질주는 18칼로리가 소모되었다. 운동을 위해 천천히 달리는 조깅은 약 8칼로리가 소모되는 것으로 밝혀졌다.

SBS방송에 의하면 2개월 동안 웃음운동을 통한 다이어트를 실험한 실험군에서는 8킬로그램의 감량을 이루었고 보통 다이어트를 한 대조군은 6킬로그램의 감량을 이루었다.
그러나 스트레스 지수를 보면 웃음다이어트 군에서는 스트레스가 없는 반면에 대조군에서는 스트레스 지수가 상당히 높은 것으로 나타났다.

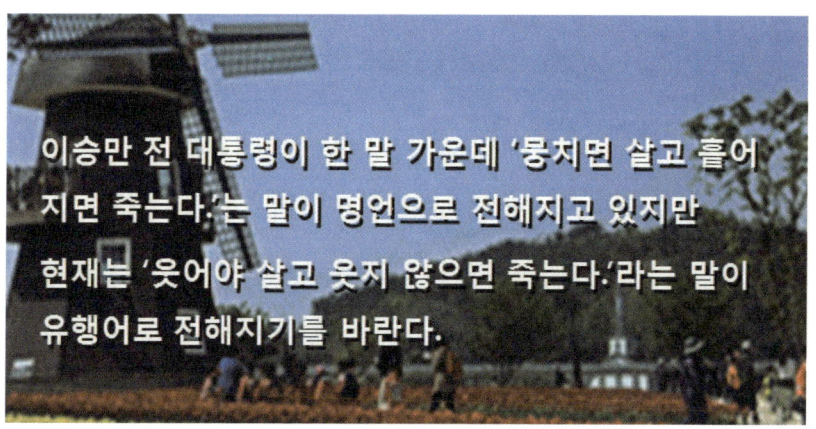

이승만 전 대통령이 한 말 가운데 '뭉치면 살고 흩어지면 죽는다.'는 말이 명언으로 전해지고 있지만 현재는 '웃어야 살고 웃지 않으면 죽는다.'라는 말이 유행어로 전해지기를 바란다.

5. 차이

60대의 부인 두 사람이 서로 자식들 이야기를 늘어놓고 있었다.

부인1 : "댁의 따님은 시집을 아주 잘 갔다면서요?"
부인2 : "그럼요, 신랑을 아주 잘 했어요, 늦도록 잠을 자도록 도와주고, 부엌일도 아예 하지 못하게 하며 매일 외식을 한다지 뭐예요."

부인1 : "참 좋겠네요, 그런데 아드님은 장가를 잘 못 갔다면서요? 얼마나 속상 하시겠어요?"
부인2 : "정말 속상해 죽겠어요, 이건 게을러 빠져서 매일 늦잠만 자고, 부엌일은 제 남편만 부려먹고 저녁 때가 되면 저의 남편을 졸라 외식만 하려들지 뭐예요."

＊ 웃음운동은 비만을 해결해 준다. 웃음운동은 조깅보다도 더 에너지를 사용한다. 웃음연구가인 홀덴의 연구에 의하면 1분간의 웃음운동이 10분간의 에어로빅, 또는 자전거타기와 같은 량의 운동이 되므로 비만의 문제를 해결하고 근육이완과 혈액순환이 잘 되며 면역기능이 증가한다고 발표했다.

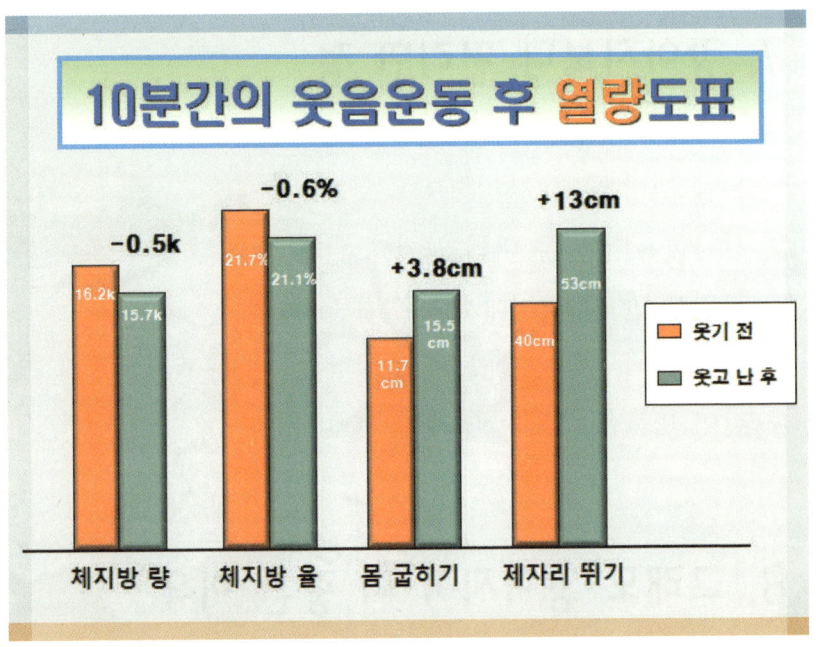

6. 강아지와 남편의 공통점

1. 매 끼니를 챙겨줘야 한다.
2. 가끔씩은 데리고 놀아주면 좋다고 한다.
3. 복잡하게 말하면 잘 알아듣지 못한다.
4. 초장에 길을 잘 들여야지 그렇지 않으면 고생한다.

7. 강아지보다 편리한 점

1. 돈을 벌어온다.
2. 간단한 심부름은 더러 시켜도 된다.
3. 훈련을 안 시켜도 대소변은 가릴 줄 안다.
4. 집에다 놔두고 여행을 가도 된다.
5. 같이 외출을 해도 출입제한구역이 없다.

8. 그래도 강아지가 더 좋은 이유

1. 신경질 날 때 발길질을 해도 괜찮다.
2. 한집안에 두 마리를 키워도 별 탈이 없다.
3. 강아지의 부모형제가 간섭을 하지 않는다.
4. 데리고 살다가 싫증나면 처치가 쉽다.

9. 부부 사이가 좋은 비결

아파트의 9층에 사는 한 부부가 금슬이 너무나 좋았다.
이 사실이 부럽고 궁금한 8층 남자가 9층 남자에게 물었다.
"너무나 부럽네요. 부부간에 사이좋게 지내는 비결이 무엇이지요? 아주머니가 참 상냥하시던데요."
그러자 9층 남자가 대답했다.
"우리는 비교적 큰 중대사에 대하여는 제가 결정을 내립니다. 그리고 자질구레한 일에 대해서는 전적으로 아내가 결정을 내린답니다."
8층 남자가 다시 질문을 했다.
"아~그러세요? 그러면 그 중요한 일이란 어떤 종류의 일인가요?"

9층 남자가 하는 말.
"결혼해서 지금까지 큰 일이 단 한 건도 없었다는 거지요."

10. 주식과 결혼의 공통점

1. 희망찬 기대감으로 시작한다.
2. 해도 후회, 안 해도 후회한다.
3. 그 결과는 누구도 예측이 불가능하다.
4. 화려하고 근사한 모습으로 항상 사람을 속인다.
5. 종목을 골라 확정하고 나면 단점이 보이기 시작한다.
6. 자기는 이미 하고서 남들에겐 절대 하지 말라고 한다.

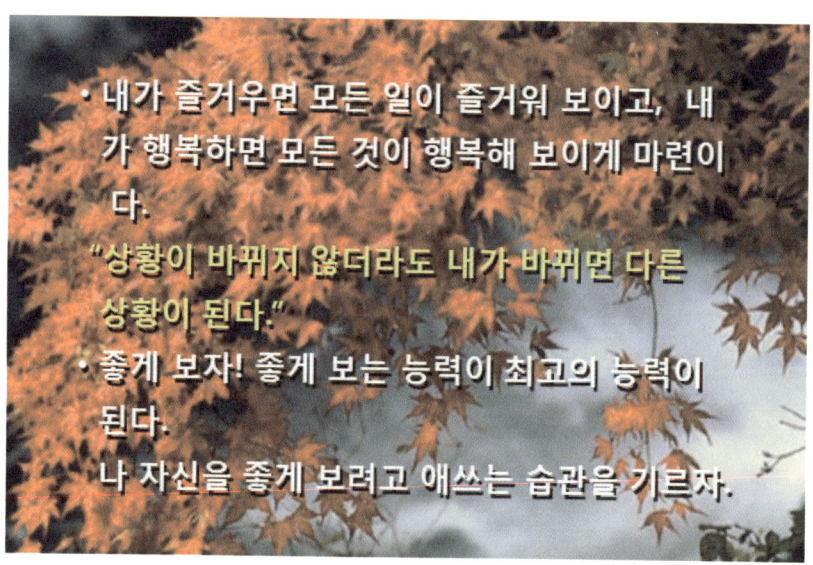

- 내가 즐거우면 모든 일이 즐거워 보이고, 내가 행복하면 모든 것이 행복해 보이게 마련이다.
  "상황이 바뀌지 않더라도 내가 바뀌면 다른 상황이 된다."
- 좋게 보자! 좋게 보는 능력이 최고의 능력이 된다.
  나 자신을 좋게 보려고 애쓰는 습관을 기르자.

11. 난 유부남입니다

재호는 아직도 술이 덜 깬 채로 아침이 되어 눈을 떠보니, 침대 옆 탁자에 물 한 잔과 피로회복제 두 알이 놓여 있었다. 의자에는 깨끗하고 잘 다림질이 된 그의 옷이 놓여 있었다.

집 안은 깨끗이 청소도 되고 잘 정돈되어 있었고, 주방의 식탁에는 이런 쪽지의 글이 놓여 있었다.
"여보! 나는 가게로 출근해요. 아침 식사는 밥통에 들어 있고, 반찬은 냉장고에 있어요."

그때 아들이 들어오자 재호는 지난밤에 무슨 일이 있었는지 물었다.
"아빠가 잔뜩 취해서 새벽 3시쯤 들어오셨는데 층계에서 비틀 거리다 엄마가 아끼는 화병을 깨뜨리고, 그 다음에는 카펫에다 토하시더니 닫힌 문에 쾅 하고 부딪혔어요, 그래서 아빠의 얼굴에 멍이 들었어요."

그 말을 듣고 보니 더욱 이해가 되지 않았다.
"아니, 전 같으면 야단 법석 일터인데 어떻게 집안이 이렇게 깨끗하고 네 엄마가 내게 전혀 화를 내지 않으니 어떻게 된 거냐?"

그러자 아들이 말 했다.

"엄마가 아빠를 침대로 끌고 가서 안간힘을 쓰며 바지를 벗기려 하는데 아빠가 이렇게 말씀 하셨어요."
"마담, 이러지 마세요. 나는 유부남입니다. 절대로 여기서 잘 수 없어요."

사람은 하루 5~6만가지 생각을 한다
- 75%인 3~4만가지는 부정적 생각이다.
- 마음이 건강해야 몸도 건강해 진다.
- 통쾌한 웃음이 자신감을 만든다.
- 조직을 이끄는 지도자, 기업의CEO들은 사람을 휘어잡는 웃음의 소프트한 카리스마가 있어야 성공한다.

12. 엄마 거나 보여줘

어느 가정에 딸만 다섯을 낳은 후 고대하던 아들을 낳게 되었다. 귀하디 귀한 눈에 넣어도 아프지 않을 아들은 부모와 누나들의 도움을 받고 무럭무럭 자라서 5살이 되었다.

어느덧 아들의 5살 생일이 되어 아빠는 이웃과 친구들을 모아 한턱 멋있는 생일상을 차렸다. 술이 거나하게 취한 아빠의 친구들이 어린아이의 노는 모습을 보며 덕담을 나누었다.

아빠의 한 친구가 하는 말
"어디 우리 귀한 아들 고추 좀 보여줄까?"
"싫어요, 싫어, 안 돼!"

엄마가 하는 말,
"얘야 좀 보여드려, 네 고추가 보고 싶다고 하시잖니?"
"싫어! 정 보여주고 싶으면 엄마 거나 보여줘!"

※ 우리에게 몰아치는 풍랑의 뒤에는 맑고 찬란한 햇빛이 오고 있는 것이다. 기대한 대로 거두며 믿음대로 되는 것이다. 인생의 풍랑이 휘몰아 쳐도 영원히 잠잠한 바다를 보지 못하리라 기대하면 절대로 안 된다.

음지가 있는가 하면 언젠가 양지도 온다. 잠시 후면 풍랑이 걷히고 밝고 찬란한 해가 떠오를 것을 상상하고 희망과 꿈의 나래를 펼치자. 그러면 도우시는 하나님의 능력이 우리 앞에 일어나고 있는 풍랑을 잠재우시고 잠잠한 바다를 선물로 주실 것이다.

웃음은 우울증을 해결해 주는 행복 물질인 도파민과 세로토닌이 분비되어 우울증 치료에 효과적이다.

13. 3시오, 일어나세요?

어느 부부가 심한 말싸움을 하였다. 대개의 경우 싸우고 나면 냉랭한 분위기가 계속되면서 말을 하지 않게 된다. 누가 먼저 말을 거는 사람이 이 싸움에서 지는 것으로 착각하게 된다.

그런데 남편이 일찍 출근을 해야 될 일이 생겼다. 말을 먼저 하기는 자존심이 상해서 메모지에 다음과 같이 적어서 식탁 위에 놓았다.
"여보! 나 3시에 깨워줘. 4시에 출근해야 되거든…."

그러나 잠이 깨어 일어나 보니 4시였다. 화급히 일어나 허둥대며 식탁을 보았다. 다른 색의 메모지가 놓여 있었다. 읽어 보는 순간….

"여보! 3시요, 일어나세요."

14. 개보고 친척?

어느 부부가 부부싸움을 하고 차를 몰고 어딜 같이 가게 되었다. 자동차 앞에 웬 개 한 마리가 얼쩡대고 있었다. 이때 개를 바라보던 남편이 아내에게 자존심 상하는 말 한마디를 했다.

"여보! 차 앞에 웬 자기 친척이 왔다 갔다 하네, 내려서 인사 좀 하시지?"

"그러면 차 좀 세워요, 인사하고 가야지."

차에서 내린 부인은 개 앞으로 가더니 공손하게 인사를 하면서 하는 말….

"안녕하세요? 시아주머님, 어디 다녀오세요?"

* 우리의 긍정적인 말 한 마디가 얼마나 중요한지를 실험한 결과가 일본에서 발표되어 이슈가 되고 있다. 일본의 에모토 마사루의 '물은 답을 알고 있다' 라는 서적에는 같은 물을 가지고 '감사합니다, 사랑합니다,' 라고 긍정적이고 좋은 말을 한 물과,

부정적이고 듣기 거북한 말을 한 물을 각각 얼려서 현미경으로 관찰한 결과 긍정적이고 좋은 말을 한 물은 육각수 형체의 일급수가 되었고, 반대로 부정적이고 듣기 거북한 말 '멍청이, 바보' 같은 말을 들은 물은 뿔뿔이 흩어지고 찌그러진 채 결정을 만들지 못했다고 한다. 이는 우리의 말 한 마디가 얼마나 중요한지를 깨닫게 해 주는 좋은 사례로 손꼽히고 있다.

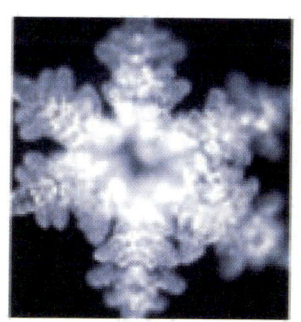 

15. 거지

어떤 거지가 한 남자에게 손을 내밀고 구걸을 하고 있었다. 그러자 남자는 돈을 주면서 물어보았다.

남자 : "이 돈으로 술을 사서 마실 건가요?"
거지 : "아니요, 술 못 마셔요."
남자 : "그러면 노름을 할 건가요?"
거지 : "아니요, 노름도 못 해요."
남자 : "그럼 담배를 사서 피울 건가요?"
거지 : "아니요, 담배도 안 피워요."
남자 : "그럼 우리 집에 같이가서 우리 마누라 좀 만납시다."
거지 : "왜요?"
남자 : "우리 마누라한테 술도 안 마시고 노름도 안 하고 담배도 안 피우면 어떻게 되는지 보여주려고요."

16. 당신이 뭘 알아?

　말끝마다 남편을 무시하며 "당신이 뭘 알아?" 하며 남편을 구박하던 부인이 있었다. 그러던 어느 날 남편이 교통사고를 당하여 생명이 위독한 상태로 중환자실에 있다는 연락을 받고 급히 병원을 찾아 갔다.

　그러나 남편은 이미 죽어 하얀 천을 덮어쓴 채 있었다. 죽은 남편을 보자 너무나 구박했던 자신의 과거를 뉘우치며 통곡을 했다. 그때 죽은 줄 알고 있던 남편이 덮은 천을 열면서 말했다.

　"여보, 나 아직 안 죽었어."
　그러자 부인이 울음을 그치고서 하는 말.

　"당신이 뭘 알아? 의사가 죽었다는데."

17. 여자가 질투하는 여자

10대-얼굴도 예쁜데 공부도 잘 하는 년
20대-성형수술 했는데도 티도 안 나는 년
30대-결혼 전에는 오만 짓 다하고 못된 것이 시집 잘 가서 잘 사는 년
40대-골프장에서 놀꺼 다 놀고 살아도 자식이 대학에 척척 붙는 년
50대-먹고 또 먹어도 살이 안찌는 년
60대-건강도 타고나서 아픈데도 없는데 돈복도 타고난 년
70대-자식 잘 두어 효도하는데 서방까지 멀쩡하게 살아서 자랑하는 년
80대-아직도 살아있는 년

※ "우리 사장님이 날 믿는 구석이 어디 있어?"
"이런 회사에 내가 왜 일을 열심히 해, 적당히 하면 되지."
"우선 좀 적당히 하다가 좋은 곳 생기면 옮겨야지."
"귀찮은 일은 모두 내 차지군. 잘 한다고 봉급 더 주나. 대충대충 하면 되지."
이런 사람은 앞길이 없다. 믿음대로 되는 것이다.
지금이나 몇 년 후에 봐도 승진도 못하고 결국은 회사도 못 옮기게 되고 인생도 가정도 망치게 된다.

18. 돈 받고 하는 키스

부부가 모처럼 함께 영화관에 갔다.
마침 열렬히 키스를 하는 장면이 나왔다.
그 장면을 열심히 보고 있던 아내가 옆에 있는 남편의 허벅지를 살짝 꼬집으며 말했다.
"당신도 저런 식으로 멋지게 해 줄 수 없어요?"

남편이 하는 말
"무슨 소리야, 저 사람이 저렇게 하는데 영화사로부터 돈을 얼마나 받고 하는지 알아?"

※ 우리의 몸은 연기를 하면서 느끼는 감정과 실제로 경험을 하면서 느끼는 감정을 잘 이해하지 못한다. 마음이 우울하더라도 실제 그렇지 않은 것처럼 행동하는 것이 최고의 우울증 탈출구가 되는 것이다.

웃음치료사 양성과정이나 암이나 우울증의 웃음치료 과정에서도 남들은 신바람 나게 웃고 있는데 더러는 웃지 못하는 사람들을 만나게 된다. 그러나 시간이 가고 날자가 지나면서 그들의 마음이 차차 열리고 같이 더불어 웃게 되는데 이때부터 웃음이 우울증을 지배하고 웃음과 더불어 우울증은 사라지기 시작한다.

19. 아이의 사투리

어느 맞벌이 부부가 첫 아이를 낳았으나 직장 때문에 마땅히 아이를 맡길 곳을 찾다가, 문득 생각한 곳이 시골에 계시는 시어머니가 생각나 아이를 시골집에 맡겼다.

이들 부부는 주말이면 시골에 내려가 아이를 만나 정을 나누며 무려 2년의 세월이 흘렀다.

아이가 두 돌이 지나자 제법 말을 하기 시작하였다. 부부는 신기한 나머지 그림책을 펼쳐놓고 토끼를 가리키며 물었다.
"이게 무엇이지?"
"퇴깽이,"
이번에는 염소를 가리키자,
"염생이,"

기가 막힌 부부는 다시 열쇠를 가리키며 이게 무엇이냐고 물었다.
"쇳대,"
어이가 없어 부부는 아이에게 다시 물었다.
"아가야, 누가 그런 말을 가르쳐 주었니?"
"함무이,"

20. 넌센스 퀴즈

1. 성공하면 죽고 실패하면 사는 것은?
-자살
2. 물고기 중에 가장 비싼 물고기는?
-금붕어
3. 호랑이를 만나도 두려워하지 않는 개는?
-하룻강아지
4. 세상에서 가장 뜨거운 과일은?
-천도복숭아
5. 개미네 집 주소는?
-허리도 가늘군 만지면 부러지리
6. 타이타닉호의 구명보트의 정원은?
-9명
7. 서울시민이 모두 외치면 무슨 말이 될까?
-천만의 말씀(인구 천만 명)
8. 별 중에 가장 슬픈 별은?
-이별
9. 세상에서 가장 뜨거운 바다는?
-열바다
10. 세상에서 가장 추운 바다는?
-썰렁해

11. 여자가 가장 좋아하는 집은?
-시집
12. 남자가 가장 좋아하는 집은?
-계집
13. 목수도 고칠 수 없는 집은?
-고집
14. '개가 사람을 가르친다.'라는 말의 사자성어는?
-개인지도
15. 초등학생들이 가장 좋아하는 동네는?
-방학동
16. 라면은 라면인데 가장 달콤한 라면은?
-그대와 함께 라면
17. 세 사람 밖에 못타는 차는?
-인삼차
18. 장애인들만 사는 나라는?
-네팔
19. 세상에서 가장 빠른 닭은?
-후다닥
20. 사람의 가슴 무게는?
-네근 (두근+두근)
21. 간장은 간장인데 못 먹는 간장은?
-애간장
22. 감은 감인데 못 먹는 감은?

-영감, 대감, 상감, 옷감

23. 개중에 가장 아름다운 개는?

-무지개

24. 물고기 중에 가장 학벌이 좋은 것은?

-고등어

25. 발이 두 개 달린 소는?

-이발소

26. 약은 약인데 아껴서 먹으면 좋은 약은?

-절약

27. 오줌을 잘 싸면 오줌싸개, 빨리 싸는 사람은?

-잽싸게

28. 물은 물인데 사람들이 가장 좋아하는 물은?

-선물

29. 전쟁 중에 대장이 가장 받고 싶은 복은?

-항복

30. 창으로 찌르려 할 때 제일 먼저 하는 말은?

-창피해

31. 창피도 체면도 모르는 사람의 나이는?

-네살 (넉살)

32. 파리 중에 날지 못하는 파리는?

-프랑스 파리, 해파리

33. 파리 중에 가장 몸무게가 많이 나가는 파리는

-돌팔이

34. 특공대란?

−특별히 공부도 못하면서 대가리만 큰 아이

35. 남이 먹어야 맛있는 것은?

−골탕

36. 못 팔고도 돈 버는 사람은?

−철물점 주인

37. 공중화장실은?

−비행기 안에 있는 화장실

38. 남녀평등이란?

−남녀 모두 평균적으로 등신이다.

39. 허수아비의 아들 이름은?

−허수

40. 소금장수가 가장 좋아하는 사람은?

−싱거운 사람

41. 계절에 상관없이 사시사철 피는 꽃은?

−웃음꽃

42. 남이 울 때 웃는 사람은?

−장의사

43. 도둑이 가장 싫어하는 아이스크림은?

−누가바

44. 도둑이 가장 좋아하는 보석은?

−보석바

45. 세상 사람들이 가장 좋아하는 영화는?

-부귀영화

46. 개지랄이란?

-개성적이고 지성적이고 발랄한 성격의 소유자

47. 신사란?

-신이 포기한 사기꾼

48. 천사란?

-천년 묵은 독사

49. 지성인이란?

-지랄 같은 성격의 인간

50. 우등생이란?

-우둔하고 등신 같은 생물

5. 유명인사의 유머

1. 오천만이 기뻐할 일

어느 대머리 대통령이 전용헬기를 타고 수해지역을 순찰하고 있었다.

대통령 : "내가 만약에 만 원짜리 돈을 이 비행기에서 떨어뜨리면 돈을 주은 사람은 기쁘다고 하겠지?"

옆에 타고 있던 참모가 하는 말
참 모1 : "만 원짜리를 천 원짜리로 바꾸어서 떨어뜨리면 열 사람이 기뻐할 것입니다. 각하."

그러자 아부를 잘 하기로 소문난 다른 참모가 하는 말.
참 모2 : "그러지 말고 만 원을 100원 짜리로 바꾸어 떨어뜨리면 100명의 사람들이 기쁘다고 할 것입니다."

그때 아부를 계속하는 참모들의 말을 들으며 헬기를 조종하던 조종사가 속으로 하는 말.
조종사 : "만약 내가 이 헬기를 추락시킨다면 5000만이 기쁘다고 야단법석 할 텐데."

＊ 우리나라 50대 이상의 성인이 하루 웃는 횟수는 겨우 4번, 그나마도 절반 이상이 하루에 단 한 번도 웃지 않는다고 하니 그 심각성을 다시 한 번 생각하게 한다. 정치는 희망을 잃게 하고 사회는 일자리를 빼앗아 버리고 경제적 양극화는 상대적 박탈감과 극복하기 힘든 가난을 안겨주고 있다.

미국의 윌 프라이 박사는 그의 연구를 통하여 어린아이들은 하루에 300번 내지 500번 정도 웃는다고 하며 그에 비하여 어른들은 하루에 15번 정도 밖에 웃지 않는다고 발표하였다. 더구나 특이한 일은 우리나라 사람들은 하루에 5~6번 정도 밖에 웃지 않는다고 하니 안타까운 일이다.

그러나 필자는 우리나라 사람들 대부분은 하루에 단 한 번도 웃지 않는 사람들이라고 하며 나이가 많은 노인들은 점수를 후하게 주어도 하루 3~4번 정도 밖에 웃지 않는다고 논하고 있다.

2. 처칠의 유머 1

윈스턴 처칠은 유머로서 위기를 극복한 사례가 많다
처칠은 심각한 교통 체증으로 인하여 의회에 30분이나 지각 출석을 하게 되었다. 이때 한 야당의원이 총리를 향하여 뼈있는 한 마디를 했다.

"총리님, 총리가 이렇게 게을러서야 되겠습니까? 조금만 더 부지런하면 되지 않을까요?"

이 말을 들은 처칠의 대답은…
"나처럼 아름다운 부인이 있다면 침상에서 일찍 일어날 수가 어렵다는 것을 이해하여 주시기 바랍니다."

＊ 남에게 무례한 짓을 하지 말고 남에게 무례한 짓을 당하지 말라. 모든 사람에게 예절 바르고 많은 사람들에게 붙임성 있고 몇 사람에게 친밀하고 한 사람에게 벗이 되고 아무에게도 적이 되지 말라.

위에 있으면서 교만하지 않으면 아무리 지위가 높아져도 위태 하지 않고, 예절과 법도를 삼가 지키면 아무리 재물이 가득해도 넘치지 않는다. 냉정한 눈으로 사람을 보고, 냉정한 귀로 남의 말을 듣고 냉정한 마음으로 도리를 생각하라.
—— 윈스턴 처칠

3. 처칠의 유머 2

의회에 참석했던 처칠 총리는 볼일이 급해서 화장실에 갔다. 그때 걸핏하면 사사건건 시비하고 물고 늘어지는 노동당 당수가 먼저 화장실에 들어와서 볼일을 보고 있었다.

처칠은 멀찌감치 떨어져서 볼일을 보았다. 멀리 떨어져있는 처칠을 보고 있던 노동당 당수가 "총리! 왜 나를 피하십니까?" 하고 물었다.

이 말에 처칠은 이렇게 대답했다.
"당신네 노동당에서는 무엇이든지 큰 것만 보면 국유화해야 한다고 하니 피할 수밖에 없지요."

* 내가 의무감과 신념에 의해 행동하고 있는 한, 어떠한 욕을 먹더라도 아무렇지도 않다. 해가 되기보다는 오히려 유익이 된다.
—— 윈스턴 처칠

4. 처칠의 유머 3

여든이 넘어 고령이 된 처칠이 어느 모임에 갔다가 화장실에 다녀오면서 바지의 지퍼를 올리지 않는 실수를 하였다. 그의 바지를 본 한 여인이 그에게 말했다.

"바지의 지퍼가 열려있습니다."
그러나 처칠은 당황하지 않고 이렇게 말했다.
"걱정하지 마세요. 죽은 새는 결코 새장 밖으로 나오지 못하니까요."

※ 결코 양보하지 말라, 결코 굴하지 말라, 결코, 결코, 결코, 위대한 것이든 사소한 것이든, 커다란 것이든 시시한 것이든 결코 굴복하지 말라.
—— 윈스턴 처칠

5. 처칠의 유머 4

어느 날 처칠은 중요한 연설을 하러 가기 위하여 택시를 잡았다. 그러나 택시기사가 하는 말이
"죄송합니다, 손님. 다른 택시를 이용하여 주십시오. 저는 처칠의 연설을 들으러 가야 합니다."

기분이 좋은 처칠은 기사에게 1파운드를 주면서 가자고 부탁을 했다. 그러자 기사가 이렇게 말했다.
"그냥 타십시오. 처칠이고 개떡이고 돈부터 벌어야지요."

* 돈을 잃는 것은 적게 잃은 것이다. 그러나 명예를 잃은 것은 크게 잃은 것이다. 더더욱 용기를 잃는 것은 전부를 잃는 것이다.
　―― 윈스턴 처칠

＊ 젊어서 진보적이지 않으면 그에게는 가슴이 없고
늙어서 보수적이지 않으면 그에게는 머리가 없다.
── 윈스턴 처칠

> 성공은 최종적인 것이 아니며
> 실패는 치명적인 것이 아니다
> 중요한 것은 지속하고자 하는 용기다
> -윈스턴 처칠-

6. 처칠의 유머 5

하루는 처칠 총리가 의회에서 회의를 하던 도중 어느 여성의원과 심한 논쟁을 벌이고 있었다. 흥분한 여성의원은 차를 마시고 있는 처칠 총리에게 말했다.

"만약에 당신이 내 남편이었다면 틀림없이 그 찻잔에 독약을 넣었을 것입니다."

그러자 처칠은 웃으면서 대답했다.
"당신이 만약 내 아내였다면 나는 주저 없이 그 사랑의 독주를 마셨을 겁니다."

※ 희망이 없으면 절약도 없다. 우리가 절약하고 아끼는 이유는 무엇인가? 미래를 위해서다. 미래가 없다면 되는대로 살아갈 것이다. 미래의 건설을 위해서 한 푼이라도 절약하자. 절약하는 마음 밭에는 희망이 찾아온다. 절약과 희망은 연인 사이니까.

—— 윈스턴 처칠

※ 미국의 한 잡지사인 스터디리뷰의 편집장인 노만 커즌스는 미국에서 손꼽는 종합평론지로 이 잡지를 길러낸 우수한 실력의 저널리스트이기도 했다. 그러한 그가 특별한 계기로 웃음치료의 선구자로 불릴 수 있는 위대한 업적을 남기게 되었다. 매우 의학적이고 과학적인 웃음치료의 효과가 입증된 것은 강직성 척추염이라는 무서운 병에 걸린 노만 커즌스에 의하여 세상에 알려지게 되었다.

그는 뼈와 근육이 굳어가는 엄청난 고통이 함께 하는 이 병 때문에 병원에 입원하여 치료를 받던 중 코미디 비디오를 보고 큰 소리로 웃게 되었다. 웃고 나자 그의 통증은 현저하게 감소되었다. 고통을 호소하던 그는 15분만 웃어도 2시간 정도의 통증이 없어진다는 것을 알게 되었다.

500명 중 1명 정도가 치료된다는 이 무서운 병으로부터 그야말로 현대의학으로는 고치기가 참으로 어려운 질병을 웃음을 통하여 완치되었다. 이후 캘리포니아 의과대학에서 교수로서 본격적으로 웃음을 통한 치료와 의학적인 연구에서 성공을 거두게 되어 웃음치료의 선구자로서 업적을 남기게 되었다.

7. 정치가의 냄새

농부와 은행가 그리고 정치가 세 사람이 산길을 가다가 길을 잃게 되었다. 한참을 헤매다가 간신히 허름한 집을 발견하고 하루 밤만 재워달라고 부탁을 했다.

"좋습니다. 그런데 우리 집은 너무 좁아서 세 분이 잘 방이 없으니까 두 분은 방에서 주무시고 한 분은 축사에서 주무실 수밖에 없습니다."
"제가 축사에서 자도록 하겠습니다."
하며 은행가가 자원했다.
얼마를 지나자 방문을 노크해서 문을 열어보니 은행가가 숨을 헐떡이며…
"난 아무리 참으려 해도 그 지독한 냄새 때문에 숨도 못 쉬겠어요."
"좋습니다. 그럼 내가 거기서 자지요."
하며 농부가 들어갔다.
그러나 얼마 지나지 않아 그 역시 숨을 몰아쉬며 돌아왔다.
"나는 퇴비 썩는 냄새와 살아 왔지만 저 냄새는 견딜 수가 없어요."
그러자 마지못한 정치가가 축사에 들어가게 되었다.
10여분 후 밖에서 요란한 소리가 들렸다.

두 사람이 나가보니 축사에 있던 짐승들이 모두 나와 지친 모습으로 헛구역질을 하고 있었다.

* 우리나라는 이제 어디에 가도 자랑 할 것이 많은 위대한 나라가 되었음은 누구도 부인하지 못한다. 6.25전쟁 후의 대한민국은 세계에서 가장 가난한 나라, 자기 동족끼리 전쟁을 한 나라, 이렇게만 알려졌던 대한민국은 이제 세계의 선진국들과 경쟁하는 살기 좋은 나라로 발전하였다.

정치도 옛날에 비하면 많이 발전했다고 말하지만, 많은 국민들이 정치인을 보는 눈은 그리 좋지만은 못한 것이 사실이다.

자신의 정치철학은 뒤로 한 채 당리당략에 묶여서 국민들의 요망이 무엇인지 헤아려보고 좀 더 성숙한 정치가 되었으면 하는 바람이 간절하다.

8. 국회의원과 마누라의 공통점

- 자기는 할 일이 너무 많아서 바빠 죽겠다고 하는데 내가 보기에는 매일 노는 것 같다.

- 무슨 돈이 그렇게 많이 필요한지 매일 돈타령만 한다.

- 내가 원해서 한 일이지만 시간이 지날수록 점점 마음에 들지 않는다.

- 내가 자기를 좋아하는 줄로 착각한다.

- 자기가 하고 싶어서 하면서 남의 핑계를 댄다.

※ 불안하고 초조한 마음은 뇌 속에 존재하고 있는 스트레스 호르몬인 아드레날린이라는 부신피질 호르몬을 만들어내고 이것이 모세혈관을 수축시켜 얼굴색깔이 변하게 된다.

반대로 기분 좋은 감정이나 웃게 되면 혈액순환이 좋아져서 피부의 온도가 상승하며 아울러 엔도르핀과 같은 쾌락호르몬의 분비로 피부도 탄력을 받고 윤기가 나게 된다.

우리가 하는 말 한마디가 생각과 몸을 지배한다는 사실을 생각한다면 한마디의 말도 깊이 생각하고 다듬어야 할 것이다.
스트레스를 유발할 수 있는 단어나 자기 스스로를 비하하는 말 한마디가 우리의 마음과 몸을 망치게 한다. 결코 부정적인 단어를 입에 올리지 않도록 조심 또 조심해야 한다.

9. 링컨의 유머 1

링컨이 대통령에 당선된 후 처음으로 상원의원들 앞에서 취임연설을 하게 되었다. 이때 거만한 한 상원의원이 링컨을 비하하는 한마디를 했다.

"여보시오, 링컨! 당신 같은 형편없는 신분으로 미국대통령이 된 것은 정말로 놀랄만한 일이오. 그러나 당신의 아버지가 구두수선공이었다는 사실은 잊지 마시오? 내가 신은 이 구두도 당신의 아버지가 수선한 것이오."라며 비꼬았다.

여기저기서 킥킥대는 웃음소리가 들려왔다. 한 참을 눈을 감고 있던 링컨이 침묵을 깨고 눈물을 흘리며 말했다.
"참으로 고맙습니다. 한 동안 아버지를 잊고 있었는데 아버지를 생각 할 수 있도록 깨우쳐 주셨군요. 맞습니다. 저의 아버지는 완벽한 구두 수선공입니다. 혹시 여러분 중에 구두가 고장난 분이 계시면 저에게 가져오십시오. 아버지에게 곁눈으로 배운 솜씨로 수선해 드리겠습니다. 물론 아버지 솜씨와는 비교가 안 됩니다. 아버지는 구두 예술가이셨고 저는 아버지를 지금도 존경합니다."

＊ 세계적으로 뛰어난 정치인들의 유머감각이 어렵고 팽팽한 정치의 현실 속에서 꼬이고 얽힌 실타래를 푸는 역할을 하기 때문이다.

따라서 비즈니스맨이나 자신의 삶을 적극적으로 살아가기 원하는 사람이라면 유머감각을 개발하고 기르는 것은 필수요건이 되어야 한다.

10. 링컨의 유머 2

유머감각이 뛰어나기로 소문난 링컨이 상원의원의 선거에 출마 하게 되었다. 합동 연설회에서 경쟁 상대 후보인 더글러스가 목소리를 높여 링컨의 비리를 들추며 공격했다.

"링컨 후보는 자신이 경영하는 상점에서 판매금지가 되어 있는 술을 팔았습니다. 이것은 분명한 위법이며 이렇게 법을 어긴 사람이 상원의원이 된다면 우리나라의 법질서가 어떻게 되겠습니까?"

의기양양한 더글러스의 이 소리를 들은 청중들은 술렁이기 시작했고 대세는 더글러스 후보에게로 기울고 있었다. 이때 링컨이 연단에 올라가 태연한 목소리로 말했다.

"존경하는 유권자 여러분, 방금 전 더글러스 후보의 말은 모두가 사실입니다. 그리고 그때, 우리 가게에서 그 술을 가장 많이 마신 우리 집의 최고의 우량고객은 더글러스 후보라는 것, 이 역시 사실이라는 것을 본인이 입증하고 있습니다."

※ 유머의 힘은 크다. 사회생활에서 겪게 되는 서로의 갈등 관계를 해소하는 윤활유 역할을 하는 것이 바로 유머이기 때문이다.

　유머로 이루어지는 웃음은 인간관계를 원활하게 해 주고 건강을 증진하는 데도 획기적인 효과가 있는 필수적인 요소라고 할 수 있다.

　유머 리더십, 유머 형 인간이란 말 에서 알 수 있듯이 우리는 유머감각이 있는 사람에게 더 호감이 가고 유머감각이 있는 사람들은 어떠한 어려운 상황 속에서도 그 분위기를 부드럽게 바꿀 수 있는 재능을 갖게 된다.

자신감 찾기

나는 할 수 없다는 생각, 나는 안 된다는 생각, 나는 배우지 못해서, 똑똑하지도 못하고, 창피해서, 이 일이 되지 않으면 결코 물러설 수 없다는 자세, 죽으면 죽으리라는 자세로…

11. 링컨의 유머 3

미국의 16대 대통령인 링컨은 지독하게 못생긴 추남이라는 대명사가 존재한다. 그는 그런 외모 때문에 수많은 정적들에게 수모를 겪었는데 링컨이 상원의원에 출마했을 때의 일이다.

"링컨, 당신은 두 얼굴을 가진 이중인격자입니다." 라는 공격을 받았다.

이때 링컨은 너무 억울하다는 표정을 지으며 이렇게 말했다.
"저에게 두 개의 얼굴이 있다면 왜 이렇게 중요한 자리에 하필이면 이렇게 못생긴 얼굴을 가지고 나왔겠습니까?"

* 자칫하면 콤플렉스로 작용하게 될 수도 있는 외모를 가지고 오히려 유머로 승화시켜 그 결과는 보나마나 많은 사람들의 열광적인 지지를 이끌어 내게 되었고 그 유머는 지금도 널리 알려져 사용되고 있다.

* 웃음은 호감과 협력을 암시한다. 따라서 유머를 통하여 타인의 웃음을 쉽게 이끌어낼 수 있는 사람은 매사에 그만큼의 협력과 지지를 이끌어 낸다.

12. 레이건의 유머 1

　1981년 3월 여섯 발의 총성이 울렸다. 총에 맞은 사람은 미국의 대통령 로널드 레이건이었고 총을 쏜 범인은 미치광이인 존 헝클리였다. 연설을 잘 하고 촌철살인 유머로 유명한 영화배우 출신인 레이건은 심장으로부터 7센티 떨어진 곳에 총을 맞고 쓰러졌다.

　혼비백산한 경호원과 수행원들이 정신없이 레이건을 부축하고 병원으로 옮기기 위해 야단이 났다.
　그 와중에 레이건은 불쑥 한 마디 했다.
　"총에 맞고도 죽지 않은 것은 정말 기분 좋은 일이야."

　그리고 아내 낸시에게 다시 한 마디 했다.
　"여보! 내가 영화에서처럼 총알이 날아올 때 납작 엎드리는 걸 깜박했어."
　위기의 순간에도 그 위기를 유머로 넘기는 지혜는 놀라운 일이었다. 그리고 병원에 도착한 레이건에게 간호사들이 다가와 지혈을 위해 그의 몸에 손을대자 다시 한 마디 농담을 했다.

"간호사, 우리 낸시에게 내 몸에 손을 대도 괜찮다는 허락을 받았나?"
레이건의 유머는 이것으로 끝나지 않았다.
당신을 치료하기 위해서 온 의사들을 향하여 한 마디 했다.
"의사선생님들이 공화당 당원이면 좋겠소."

미치광이에게 자칫 목숨을 잃을 뻔 했던 사람이라고는 볼 수없는 순간이었다. 분노와 긴장감으로 가득 차있던 병원은 그의 농담에 평온을 되찾았다. 한 의사가 그 말을 듣고 울먹이며 말했다.
"대통령 각하! 오늘만은 저희가 공화당 당원이 되겠습니다."

* 레이건은 어떻게 죽음의 순간, 위기의 순간에도 웃음과 유머를 잃지 않고 의연하게 대처할 수 있었을까? 바로 그의 몸에 밴 유머를 습관화한 유머의 힘이다. 레이건은 누구보다도 더욱 유머와 웃음의 힘을 잘 알고 있었다.
만약 레이건이 경호원을 문책하고 아내를 원망하며 의사들에게 자신을 빨리 살려달라고 애원했다면 어떻게 되었을까?

13. 레이건의 유머 2

1984년 재선에 나선 로널드 레이건은 73세의 고령이라는 사실 때문에, 53세의 젊은 상대 후보 월터 먼데일에게 TV토론회에서 공격을 당했다.

"레이건 후보, 당신은 나이가 너무 많습니다. 정치에서 물러나는 것이 어떨는지요?"
이 소리를 들은 레이건은 한 마디 했다.
"나는 이번 선거에서 나이를 문제 삼지 않기로 했습니다."
먼데일
"그게 무슨 말이지요?"

레이건
"당신이 너무 젊고 경험이 부족하다는 사실을 정치적 목적으로 이용하지 않겠다는 뜻입니다." 라고 받아쳐 압도적 승리를 거두었다.

※ 웃음과 유머는 마치 바이러스처럼 주위에 빠르게 전염된다. 위기의 순간, 분노와 긴장의 순간, 유머와 위트로 썰렁하고 험악한 분위기를 일순간 바꿀 수 있다면 그 사람은 웃음과 유머의 능력을 최대한 활용하는 사람일 것이다.

14. 클린턴의 유머

미국의 보수주의자로 이름이 난 밥 도너 의원이 빌 클린턴 대통령을 비난하며 맹공격했다.

"당신은 병역 기피자에다 완전히 바람둥이야. 그리므로 대통령 자격이 전혀 없는 쓰레기 같은 인간이야."

그러자 클린턴 대통령은 즉시 언론을 통해 밥 도너 의원에게 여유 있게 다음과 같은 화답으로 공격했다.

"나는 밥 도너 의원을 볼 때 마다 이 친구에게 광견병 치료제가 시급히 필요하다고 생각을 하고 있습니다."

※ 재미있는 사람이 더 창조적이며 주위 사람들의 인기를 한 몸에 받게 된다. 유머는 인간의 수많은 두뇌 활동 중 가장 탁월한 활동이다.

웃음과 유머는 한집에 산다. 순간의 유머나 위트가 웃음을 만들고 두뇌 활동을 도와 뇌세포를 건강하게 만드는 역할을 한다.

15. 힐러리의 유머

　빌 클린턴 대통령이 부인 힐러리와 함께 자동차로 여행을 하고 있었다. 얼마쯤 가다가 주유소에서 자동차에 주유를 하게 되었는데 주유소 직원이 힐러리를 보고 이렇게 말했다.

　"어! 힐러리 아냐? 나 모르겠어? 고등학교 친구 나! 파티 때 더러 어울리고 했잖아!"
　자세히 그를 본 힐러리는 고등학교 때 자신과 사귀던 그를 알아보고 추억을 떠올리며 짧지만 진지한 대화를 하고 작별을 하였다.

　차가 시골길을 달리다가 빌 클린턴이 힐러리에게 말했다.
　"당신은 나와 결혼 한 게 얼마나 다행이야. 만약 저 친구와 결혼을 했다면 미국의 대통령 부인이 될 수 없었을 것 아니오?"
　힐러리는 클린턴의 말을 재빨리 받아 이렇게 말했다.

　"당신은 뭘 잘못 알고 있군요. 내가 만약에 저 친구와 결혼을 했다면 저 친구가 틀림없이 미국의 대통령이 되었겠지요."

* 그 사람의 언어는 그 사람의 사고방식에 의해 지배된다. 그 사람의 머릿속을 지배하고 있는 의식구조에 의해 입을 통해 표면으로 나타나는 것이다.

그러므로 그 사람이 말을 어떻게 하느냐에 따라 그 사람의 사고와 인격을 가늠하게 된다. 더러는 마음에 있는 생각과 달리 반대의 말을 하고 후회하는 경우가 종종 있다.

본심과 달리 엉뚱한 말 때문에 자기는 그렇지 않으면서도 잘못 인식되어 안타까워하는 실수가 없도록 주의해야 한다.

16. 거지와 정치인의 공통점

1. 입으로 먹고 산다.
2. 거짓말을 밥 먹듯 한다.
3. 정년퇴직이 없다.
4. 출퇴근 시간이 일정치 않다.
5. 사람이 많은 곳에는 항상 나타난다.
6. 지역구 관리 하나는 똑 소리 나게 한다.
7. 되기는 어렵지만 되고나면 쉽게 버리지 못한다.
8. 현행 실정법으로 다스릴 재간이 없다.

＊ 노력도 수고도 없이 그냥 가만히 앉아서 새 사람이 되기를 기대하면 안 된다. 부정적이고 불평불만이 가득한 마음가짐으로 더 좋고 더 나은 쪽으로 발전하기를 기다리면 안 된다. 웃는다고 더 좋은 방향으로 상황이 바꾸어지겠는가? 아니다, 그러나 웃으면 자신이 바뀌게 된다.

먼저 과거의 부정적이고 유혹의 욕심을 따라 행하던 모든 껍데기를 벗어 던지고 새로운 생각과 태도를 가지고 더욱 적극적이고 진취적인 방향으로 나아갈 때 더 나은 상황, 더 나은 복으로 하나님의 인도하심을 기대할 수 있다.

＊ 야당은 반대를 하는 게 할 일이고 여당은 밀어 붙이는 게 할 일인 세상이 되었다. 아무리 바람은 불어야 하고 소나기는 쏟아지는 게 당연하지만 요즘의 정치판은 신내가 난다.

국민을 두려워하는 선거 때와 같은 자세로 정치인들이 변한다면 많은 국민들에게 박수갈채를 받게 될 것으로 믿는다.

17. 수의사

　영국의회에 보사부장관이 출석하여 자신의 의료정책을 열심히 설명하였다. 이때 괴팍하기로 소문난 한 야당의원이 인신 공격성 발언을 했다.

국회의원 : "여보세요, 장관님! 당신은 수의사 출신 아닙니까?"

장　　관 : "네, 그렇습니다."

국회의원 : "수의사면 개, 돼지에 대하여는 잘 알 테지만 사람의 건강에 대해 뭘 아십니까?"

장　　관 : "…"

국회의원 : "그만두고 내려가서 돼지나 돌보는 본업이나 하시지요?"

장　　관 : "그러지요, 그런데 혹시 의원님은 어디 아프신데 없으십니까?"

국회의원 : "?"

장　　관 : "언제라도 저를 찾아오시면 제 본업에 충실한 의미에서 성심 성의껏 돌봐드리겠습니다."

※ 국회는 어느 나라나 아마 비슷한 모양이다. 국회의사당이라는 장소에서 상대의 인신공격을 적절히 받아친 유머중 하나다. 준비된 유머도 좋지만 이런 즉석에서 나온 위트나 유머는 그 사람의 재치가 두고두고 이야기 거리로 남게 될 것이다.

18. 저 자식

 TV에 자주 나오는 정치인이 유치원을 방문하게 되었다. 유치원생들은 선생님의 지시대로 박수를 치며 환호했다. 그 정치인은 마음이 뿌듯하여 유치원생들에게 물었다.
 "여러분, 안녕! 내가 누군지 아세요?"

 "네, 국회의원이요."
 유치원생들이 자기를 알아봐주자 기분이 좋아진 그는 다시 물었다.
 "그러면 내 이름이 무엇인지 아세요?"
 그 소리가 마치자 아이들이 크게 대답했다.

 "저 자식이요."

※ 아이들은 어른들의 거울이다. 물론 어른들의 말을 어린이들이 따라 하는 것이지만 우리나라 정치인들도 저 자식이 아니고 저 분으로 불려지는 정치인들이 되었으면 좋겠다.

19. 마가렛 대처의 유머

마가렛 대처 영국총리는 철의 여인이라는 평을 받을 정도로 딱딱한 이미지를 가지고 있다. 그러나 그는 600여 명의 정치 지도자들이 모인 만찬장에서 배꼽을 쥐고 박장대소하는 한마디를 했다.

"새벽마다 홰를 치고 우는 것은 수탉일지 모르지만 우리에게 꼭 필요한 알을 낳는 것은 암탉입니다."

20. 정치인과 일반인의 차이

—— 욕설이 나오는 영화를 보고
일반인 : "어허! 욕설이 너무 심하네."
정치인 : "내일 반드시 써 먹어야지."

—— 선거 공약을 보고
일반인 : "개 X끼들, 지키지도 않을 거면서 왜 하나?"
정치인 : "아, 시바, 저거 내가 써 먹을라 했는데."

—— 옷 로비 사건을 보고
일반인 : "저런 개#&들…"
정치인 : "아이쿠… 울 마누라 빠져 나오겠구나."

—— 명문대 합격생을 보고
일반인 : "공부 열심히 했구나."
정치인 : "부모가 돈 푼이나 썼나보네."

—— 공부 못하는 자식을 보고
일반인 : "제발 정신 차리고 공부 좀 해라."
정치인 : "기죽지 말고 이 애비만 믿어라."

※ 우리 몸은 상상과 현실을 잘 구분하지 못한다. 어깨를 늘 어뜨리고 한숨을 쉬다보면 실제는 그렇지 않아도 누구나 쉽게 우울증에 걸리게 된다.

미국 로마린다 의과대학의 설립자이며 임상학적 건강연구의 선구자인 엘렌지 화잇 여사는 모든 질병의 90%는 자신의 마음에서 발생하는 것으로 마음의 상태가 우리의 건강에 결정적인 영향을 미친다고 언급하였다.

또한 하버드 의대의 허버트 벤슨 박사도 모든 질병의 80% 이상은 마음으로 질병을 다스려야 할 때라고 강조하였다.

21. 정치인과 거지

한 남자가 친구와 한국정치를 비판하며 술집에서 떠들고 있었다.

"정치인은 다 거지새끼 같은 놈들이야."

그러자 옆에 앉아있던 한 사내가 화를 내며 말했다.

"지금 한 말 좋게 애기할 때 취소하시오."

사내의 이 말에 당황한 남자가 죄송한 태도를 지으며 말했다.

"왜 그러시죠? 당신 정치인이요?"

"아뇨, 난 거지요."

22. 대한민국이 펄쩍펄쩍 뛴다

　일본의 아베 총리와 박근혜 대통령이 만났다. 먼저 아베 총리가 입을 열고 자랑을 늘어놓았다.
　"우리 일본은 단결력이 뛰어나서 내가 손짓 한 번만 하면 모든 사람이 기뻐하며 박수를 칠겁니다."

　정말 일본의 아베 총리가 일어나서 군중을 향해 손을 번쩍 드니 우레와 같은 함성과 함께 박수갈채가 쏟아져 나왔다. 이를 지켜 본 박근혜 대통령이 이렇게 말했다.
　"우리 대한민국 국민들은 제가 손짓 한 번만 해도 TV앞에 있는 모든 국민들이 기뻐서 펄쩍펄쩍 뛰고 그 날을 국경일로 삼게 될 겁니다."
　이 말을 들은 아베 총리는 가소롭다는 표정으로 말했다.
　"그럼, 그렇게 한 번 해 보시지요?"

　박근혜 대통령은 이 말이 떨어지자 아베 총리의 뺨을 한 대 내갈겼다.

※ 우리 국민들은 일본의 아베 총리에 대한 인식이 그리 좋지 않다. 더구나 독도문제, 위안부문제 등 일본과 해결되지 못한 앙금들이 그대로 남아있는 실정임에도 불구하고 일본은 반성하기보다 오히려 우리 국민들의 분노를 사게 하는 발언들이 정치지도자들의 입에서 거침없이 나오고 있다.

　이 유머는 국민들의 답답하고 갈증 난 마음을 풀어주는 청량음료와 같은 역할을 할 것으로 안다. 유머는 그 시대의 대두되는 사건이나 상황을 잘 연관시켜 적용 할 때에 그 진가를 더욱 발휘하게 것이다.

23. 정치인과 천국

잘 나가던 우리나라의 정치인이 죽어서 천국 입구에 갔다. 입구에 서있던 베드로가 물었다.

"당신은 정치인으로서 천국에 들어올 만한 무슨 일을 했소?"

그는 잠시 생각하더니 말했다.

"한 달 전 어느 추운 날 집이 없어 길거리를 헤매고 있는 불쌍한 사람에게 250원을 주었습니다."

베드로는 천사에게 사실인지 알아보라고 했다.

잠시 후 천사는 그게 사실임을 확인해 주었다.

"그 정도로는 천국에 들어가기에는 부족하다."고 베드로가 말해 주자 그 정치인은 잠시 생각하더니,

"잠깐만요, 3년 전에도 길거리에서 구걸하는 사람에게 250원을 준 적이 있습니다." 라고 말 하는 것이었다.

베드로가 이 말을 듣고 고개를 끄덕이자 천사도 확인하면서 맞는다고 고개를 끄덕였다.

"이 사람 어떻게 하면 좋을까?"

베드로가 천사에게 물었다.

"500원을 돌려주고 지옥으로 가라고 하지요."

라고 천사가 대답했다.

24. 4등 칸이 없어서

알베르트 슈바이처 박사는 20세기의 성자라고 불릴 만큼 신학박사, 음악박사, 의학박사로 1952년 노벨평화상을 받았고, 아프리카 검은 대륙 람바레네에 병원을 설립하고 가난하고 병든 사람들에게 의료봉사를 통하여 흑인들의 이웃이 되었다.

하루는 병원 자금을 모금하기 위해 그의 고향에 방문을 하기로 하였다. 그가 고향에 돌아온다는 소식을 들은 친척, 친지와 동료들이 그를 영접하려고 기차역에 모였다.

모든 사람들은 1등 객실과 2등 객실을 바라보며 그가 내려오기를 손꼽아 기다렸다. 그러나 3등 객실에서 내려오고 있었다. 깜짝 놀란 영접객 들이
"아니, 박사님! 왜 3등 칸을 타셨습니까?"

"이 차에는 4등 칸이 있어야지요?"

※ 이 유머는 우리의 마음을 다시 한 번 슈바이처 박사에게로 향하게 해 주는 유명한 이야기로 전해지고 있다. 요즘 돈 좀 있으면 허세를 부리고 잘 난체 하는 많은 젊은이들에게 큰 교훈이 되기를 바란다.

25. 아인슈타인의 유머

어느 날 기차여행을 하던 아인슈타인 박사에게 검표원이 다가왔다. 그때서야 표가 분실된 것을 알았다. 검표원이 다가와 아인슈타인 박사에게 말했다.

"선생님이 아인슈타인 박사님인 것을 알고 있습니다. 박사님은 틀림없이 표를 구입하신 것으로 알고 있습니다. 아무 걱정 마시고 편안한 여행이 되시기를 바랍니다."
아인슈타인 박사는 고맙다고 고개를 끄덕이며 인사를 했다.

그러나 이 세계적인 위대한 물리학자 아인슈타인 박사는 바닥에 엎드려 이곳저곳 살피며 잃어버린 표를 찾기 시작했다. 검표원이 이 모습을 보고 다시 말했다.

"박사님, 찾으실 필요가 없습니다. 박사님이 누구신지 이미 다 알고 있습니다."
그러자 박사님이 대답했다.

"내가 누구인지 나도 잘 알고 있습니다. 그런데 이 표를 찾아야 내가 어디로 가는지 알 수가 있단 말이지요."

* 요즘 자신의 지위가 조금만 올라가도 자신을 과시하려고 온갖 수단과 방법을 다 동원하여 자신을 내세우려 하고있는 사람들이 많다.

더구나 정치인들의 이러한 추태는 모든 국민들이 눈살을 찌푸리게 만든다. 우리는 스스로 높고자 하는 자는 낮아진다는 성경의 기록을 생각하며 겸손을 생활화하는 자세가 필요하다.

26. 정주영의 유머

성공한 많은 사람들은 유머로 무장한 사람들이 많다. 국내 뿐 아니라 세계적인 굴지의 회사가 된 현대그룹의 고 정주영 회장은 어린 시절 가정을 지키며 평생을 농사꾼으로 살게 하려는 아버지의 뜻을 거역하고 수차례 가출을 하게 되었다.

처음에는 소 한 마리를 끌고 나왔었으나 이번에는 무일푼으로 서울을 향하게 되었다. 소년 정주영은 배를 타고 강을 건너야 하는데 돈이 없어 망설이다가 해가 저물어가자 결국 배에 올랐다.

배가 강을 건너자 뱃삯을 내고 내려야 하는데 돈이 없어 뱃사공에게 혼쭐이 난다.
"죄송합니다, 제가 돈이 없어서…"
화가 난 뱃사공은 소년 정주영의 뺨을 한 대 때리며
"임마! 돈도 없는 놈이 배를 타, 요놈아! 공짜로 배탄 것 후회되지?"
"네, 후회되네요. 뱃삯이 뺨 한 대면 진즉에 탈걸 그랬네요."

※ 어린 소년의 말이라고는 믿기지 않을 정도로 어려서부터 마음의 여유와 유머감각이 컸으므로 훗날의 정주영은 호랑이니 불도저니 하는 별명을 얻게 되어 놀라운 유머 리더로서 추진력으로 성공하게 된 것이다. 그는 어릴 때부터 해학과 유머 감각이 넘치며 스케일이 컸다.

웃음으로 경영한 사람들, 놀라운 유머로 무장한 기업들, 우리나라도 이러한 유머로 성공한 기업들이 더욱 많이 생겨나기를 기대 해본다.

27. 정치인과 남편의 공통점

1. 내가 선택했지만 참으로 꼴 보기 싫다.
2. 헤어지려면 절차가 복잡하다.
3. 아직도 내가 자기를 사랑하는 줄 안다.
4. 한 번 맺은 관계가 영원히 지속될 줄 안다.
5. 내 말은 안 듣고 자기 맘대로 하다가 망신만 당한다.
6. 눈치가 없다.
7. 자기 식구만 챙긴다.
8. 밖에서는 굽신굽신 하다가 안에만 들어오면 지가 왕이다.

6. 위트와 유머

1. 바지 지퍼

어느 미모의 아가씨가 버스를 타려고 버스정류장에서 기다리고 있다가, 마침 버스가 오자 타려고 했으나 치마가 너무 꽉 조여 버스를 탈 수가 없었다. 할 수 없이 치마 뒤의 지퍼를 내리고 버스에 오르려 했으나 역시 오를 수가 없었다.

뒤를 만져보니 지퍼가 제자리에 돌아와 있었다. 이상하게 생각하며 지퍼를 다시 내리고 차에 오르려 했으나 마찬가지로 오를 수가 없었다. 다시 만져보니 역시 원위치로 되어 있었다. 지퍼를 다시 내리려고 손을 뒤로 내미는데 다른 사람의 손바닥이 있는 것이었다. 뒤를 돌아보니 멀쩡하게 생긴 남자가 서 있는 것이었다.

"아저씨! 정신 차리세요, 이건 엄연한 성추행이라고요."
이 말을 들은 신사가 조용히 말했다.

"아가씨! 뭔가 착각하신 것 같은데, 아가씨가 내 바지 지퍼를 세 번이나 내렸잖아요?"

※ 긍정적인 사고를 가지면 마음이 즐겁고 편안해지면서 웃음을 자아내게 된다. 긍정적이고 진취적인 사람은 항상 희망적이고 확신에 찬 말과 행동을 하게 된다.

"우리 사장님은 날 믿으신다고 난 믿고 있어!"
"우리 회사에서는 나를 꼭 필요해 한다고 나는 믿어!"
"나는 재수가 좋은 편이야! 직장 분위기도 좋고."
"처음 하는 일이지만 모두 내 힘으로 해냈다. 좋은 공부를 했다."
"우리 부장님도 나를 아껴주시고 이해해 주시거든."

이러한 긍정적인 말을 하는 사람의 장래는 보장돼 있고 승진도 빨리 하게 된다.

2. 왕진료

선생님 : "오정아 너는 이번 성적이 너무 좋지 않다. 내일은 아버지를 모시고 와야겠다."

오정이 : "선생님! 우리 아버지를 모시고 학교에 오려면 왕진료가 삼만 원인데 아시겠어요."

3. 아메리카

선생님이 지구본을 들고 학생들에게 물었다.
"여러분, 누가 나와서 아메리카 대륙이 어디인지 찾아볼 사람 나와요."
영수가 손을 번쩍 들고 나갔다.
"여기요."

선생님은 아메리카 대륙을 잘 알아낸 영수를 칭찬했다. 그리고 학생들에게 다시 질문을 했다.
"그러면 아메리카 대륙을 발견한 사람은 누구일까요?"
그러자 학생들은 다 같이 대답했다.

"영수요!"

4. 119가 몇 번이냐?

어떤 집에 갑자기 불이 났다.

당황한 아버지가 "불이야! 불이야, 불! 하면서 옆에 있는 아들에게 물었다.

"아들아, 119가 몇 번이냐? 119가?"

아들이 하는 말,

"아버지 114에 물어보세요? 114에."

※ 많은 사람들이 정신없이 살아가고 있는 것이 현실이다. 아무리 급해도 정신은 차려야 한다. 호랑이에게 물려가도 정신만 차리면 살 수 있다는 말처럼 무엇을 먼저 어떻게 해야 할 것인지 정신을 차려야 한다.

시계는 잘 가다가 멈추면 수리하면 되지만 우리의 심장은 멈추면 그만이다. 그러므로 인생은 시험 삼아 살아볼 수 없다. 가장 급하고 먼저 해야 될 일이 무엇인지 취사선택의 기회를 놓치지 말고 그것을 먼저 선택하고 행하는 지혜가 우리 모두에게 필요하다.

5. 중딩의 이유 있는 반항

우리가 교복 입기를 싫어하는 이유는?
- 일본인의 잔재이기 때문이다.

우리가 복도에서 뛰어다니는 이유는?
- 고구려의 기상과 패기를 이어받으려고.

우리가 미팅을 하는 이유는?
- 널리 인간을 이롭게 한다는 홍익인간의 정신에서.

우리가 머리를 기르는 이유는?
- 최익현의 '목은 잘려나가도 머리는 자를 수 없다'는 내용에 감동해서.

우리가 수업시간에 열심히 자는 이유는?
- 꿈을 이루기 위해서,

※ 아이들의 반항은 이유가 있고 사연이 있다. 그 이유가 무엇인지 사연이 어떤 것인지 들어보고 해결해 주어 가정이 결속되도록 하여야 한다. 부모의 좋은 관계, 사랑의 좋은 교육의 모본이 아이의 장래에 큰 역할을 한다.

 아이를 칭찬해 주고 자신감을 가지게 하자. 아이의 문제가 무엇인지 관심을 가져 주어야 아이가 성장한 후에도 성격과 행동에 큰 영향을 준다. 엄마의 사랑만 받은 아이들은 아빠의 사랑 자리가 빈자리가 된다. 성장 후 빈 아빠의 자리를 엉뚱한 (술, 담배, 폭력)으로 채우려 한다.

6. 놀부 댁

지독하기로 소문난 놀부네 집에 거지가 찾아왔다.
이 거지는 며칠을 굶어 너무나 배가 고프다고 사정하며 놀부 마누라에게 매달리며 사정을 했다.

"제발 배고픈 저의 사정을 불쌍히 보시고 찬밥이라도 있으시면 고맙게 먹겠으니 도와주십시오."
"그럼 사흘 지난 쉰밥이라도 괜찮겠나?"

"그럼요, 쉰밥이라도 좀 주십시오."
그러자 놀부 댁은 거지에게 이렇게 말했다.

"그러면 사흘 뒤에 들려!"

7. 회복실에서

 어느 날 밤 수술실 옆 회복실에서 근무하는 당직 간호사에게 전화가 왔다.
 "거기 허맹구라는 환자 있지요?"
 "네, 여기 계십니다. 왜 그러시지요?"
 "혹시 지금 그 환자의 상태에 대해 좀 알 수 있을까요?"

 "아, 예… 수술은 잘 끝났구요. 아마 내일쯤은 일반 병실로 올라가실 수 있을 것 같습니다."
 "감사합니다, 고맙습니다, 다행이네요."

 이 말을 들은 간호사가 친절하게 물었다.
 "실례지만 누구신지 알려 주시면 전화 왔었다고 전해 드릴게요."

 "나요? 내가 허맹구예요, 아니 의사도 간호사도 아무런 설명도 없어서 전화를 했지요."

8. 버스기사의 승리

버스가 달리고 있는데 갑자기 승용차가 끼어들어 버스전용 차선으로 달리고 있었다. 버스기사가 열 받아서 빵빵대고 상향등을 켜가며 위협했다. 승용차 기사도 열 받아서 차를 세우고 버스를 향해 와서 마구 문을 두드리며 욕설을 퍼부었다.

"야! 이 X새끼야, 문 열어!! 왜 빵빵대고 지랄이야!"
그러자 버스기사도 마구 욕설을 퍼부었다.
"야! 누가 전용차선으로 달리랬어, 이 씨X새끼야."
이런 식으로 계속 실랑이를 벌이다가 결국 문을 열어 주고 승용차 기사가 버스 안에 들어왔다.

계속 욕설이 오고가다 약이 오른 버스기사가 문을 닫고 승용차 기사를 태운채로 질주하기 시작했다.
"차 못 세워! 빨리 안 세워! 빨리 내려줘, 이 새끼야, 이 X새끼야!"
버스기사는 들은 체도 안고 달리고 승용차기사는 발광을 떨고 야단이 났다.

"빨리 차 세워! 안 세워! 빨리 내려줘, 이 새끼야."
그러자 다시 버스기사가 한 마디 했다.
"그럼 벨 눌러 이 새꺄,"

결국 승용차기사는 벨을 누르고 버스가 서면서 승용차기사가 내렸다. 버스 안의 사람들이 뒤집어졌다.

하루 5분 웃으면 80평생에 88일 2분 웃으면 35일 웃는다

TV앞에 앉아있는 시간 ……	7년
일하는 시간 …………	26년
잠자는 시간 …………	23년
근심, 걱정하는 시간 ………	6.7년
화장실 양치질 하는 시간 ….	3.5년

9. 보기드문 현상

초등학교에서 선생님이 아이들에게 자연문제를 내고 있었다.
"독수리가 날아가다가 참새와 부딪쳤습니다. 그러면 누가 죽을까요?"
"참새가 죽었습니다."

"아닙니다. 참새는 멀쩡하게 살았고 안타깝게도 독수리가 죽었습니다. 이것을 무슨 현상이라고 할까요?"
아이들이 손을 들어 의견을 이야기 했다.

"만유인력현상입니다."
"자유낙하현상입니다."
그러자 맹구가 일어나서 대답했다.

"극히 보기드문 현상입니다."

* "행복해서 웃는 것이 아니라 웃으면 행복해 진다." 라는 말이 있다. 웃음은 건강과 행복을 약속한다. 억지로 웃는 웃음도 효과는 똑같다고 한다. 즐거워서 웃는다면 과연 우리가 얼마나 웃을 수 있을까?

미국의 빌 메모리얼병원에는 이런 표어가 걸려있다. "하루 15초만 웃어도 이틀을 더 산다." 웃음이야말로 건강과 행복의 지름길이다. 웃자, 오늘도 웃고, 내일도 웃고…

How to
1. 마치 호령하는 장군처럼 특별히 고개를 들고 웃어라.
2. 그리고 어깨를 펴라.

Point
행복한 척 웃음 법을 위해서는 고개를 들어야 한다. 마치 천하를 호령하는 장군처럼 고개를 빳빳하게 세우고 하늘을 향해 웃는 것이다. 세상 어느 누구보다 행복한 것처럼 웃기만 하면 된다. 그리고 고개를 오른쪽 위를 바라보면 더 기분 좋은 상태가 된다.

10. 기막힌 안내판

어떤 머리 좋은 사람이 자기 집 앞 도로를 무섭게 달리는 차 때문에 아이들과 가축들이 위험해 지는 것을 보고, 여러모로 고민하다가 한 가지 묘안을 생각해 냈다. 도로가에 큼직한 안내판을 세워놓았다.

효과는 즉시 나타났다. 엄청난 속도로 달리던 자동차들이 이 안내판이 설치된 후로는 기어가듯 속도를 낮추게 되었다. 이 안내판에는 이렇게 기록되어 있었다.

'천천히, 100미터 앞부터 나체촌'

※ 지난 2006년 1월 SBS방송에서는 웃음의 진통효과에 대하여 방송하면서 척추질환으로 통증이 심한 환자들에게 20분 정도 웃고 난 후 통증이 약 33% 줄어드는 효과가 방송되었고 얼음물에 손을 담그는 실험에서도 웃기 전 보다 웃고 난 후 약 40.3% 더 오래 견딜 수 있는 것으로 나타났다.

현재 우리나라에서도 여러 종합병원에서 암환자의 치료와 더불어 통증으로 지독히 참기 어려운 질병들을 웃음치료를 통하여 치료하고 진정효과를 보고 있는 병원들이 늘어나고 있다.

유머소재 발굴의 7가지 비법

1. 자신이 웃겼던 모든 것에서 찾아라.
2. 편견과 모순을 찾아내라.
3. 속 마음이 무엇인지를 찾아내라.
4. 직업과 기능별로 특징을 찾아 분류하라.
5. 성공담과 실패담에서 찾아라.
6. 상대의 관심이 무엇인지를 알고 찾아내라.
7. 삶 자체에서 찾아내라.

11. 군대 간 아들

-이등병
부모님전 상서
북풍한설 몰아치는 매서운 겨울 불초한 이 자식 부모님께 문안인사 드립니다. 저는 항상 부모님이 염려해 주시는 은덕에 힘입어 잘 먹고 잘 지내고 있으니 아무 걱정하지 마시고, 대한의 씩씩한 남자가 되어 군 복무 잘 하고 돌아가겠으니 그동안 안녕히 계십시오.

사랑하는 아들에게
네가 군대 가고 소포로 부쳐온 네 사복을 보고 얼마나 울었는지 모른단다. 추운 날씨에 우리 아들 감기에 걸리지 않도록 특별히 몸조심 하고. 우리 집안은 아무 별고 없으니 걱정하지 말고 군 생활 충실히 하기 바란다.

-일병
어머니께
야외훈련이 얼마 남지도 않았는데 무좀 걸린 발이 도져서 걸을 수가 없네요. 용돈도 다 떨어져서 약도 사지 못하는데, 돈 보내주지 않으면 무슨 짓을 할는지 저도 걱정이 됩니다.

아들에게

 휴가 나와서 네가 쓴 용돈 때문에 한 달 가계부가 바닥을 보인다. 그래도 네가 잘 먹고 푹 쉬다 가는 것을 보니 마음이 놓인다. 다음번 휴가 때는 미리 연락을 해라. 그래야 돈을 모아놓지 않겠냐? 그리고 군복 맞추는 값은 입금 했으니 좋은 걸로 장만 하거라. (네 아빠 때는 그냥 주었다던데…)

 −상등병
엄마에게

 왜 면회 안와? 어제 이일병 엄마는 잔뜩 싸들고 와서 내무반에도 풀고 외박도 나가고… 이럴 땐 엄마가 내 친엄마 아닌 것 같아…

 아들아!
 수신자 부담 전화는 이제 그만 해라. 웬놈의 전화를 그렇게 많이 하느냐? 무슨 놈의 휴가도 그렇게 자주 나오고, 누굴 닮아 저러냐고 너희 아빠와 피터지게 싸웠다, 내가 이겨서 너는 아빠 닮은 걸로 결정 났단다.

―병장

엄마!

여기는 사람 살 곳이 아니야. 내가 지금까지 어떻게 군생활을 했는지 용해, 똥국을 너무 많이 먹어서 얼굴이 황달기가 돌고 정말 미치겠어. 보내준 무쓰가 다 떨어졌으니 하나 더 보내주어. 헤어스타일이 말이 아니야. 그리고 내가 몰던 탱크가 뒤집혀서 고장 났는데 내가 고쳐야 하거든, 아마 100만 원이면 어떻게 될 것 같아…

아들아

이놈아 사기 치지 마라. 네 보직이 취사병이란 사실을 이제 알아냈다. 탱크 수리비 좋은 말 할 때 반납해라, 가정 형편도 그렇고 취직도 어려우니 말뚝이나 박고 생활하면 좋겠다. 네가 쓰던 방은 세를 놓기로 했다. 벌써 22개 월이 지나다니 내 마음은 착잡하기 한이 없다.

12. 신세대들의 속담

- 못 올라갈 나무는 사다리 타고 올라간다.
- 육군은 산에서 죽고, 해군은 물에서 죽고, 공군은 하늘에서 죽는다. 그럼 방위는? 쪽팔려서 죽는다.
- 작은 고추가 맵지만 수입 고추는 더 맵더라.
- 윗물이 맑으면 세수하기 참 좋다.
- 버스 지나가고 나면 택시 타고 가면 된다.
- 젊어서 고생은 늙어서 관절염이다.
- 호랑이한테 물려가도 죽지만 않으면 산다.
- 아는 길은 곧장 가라.
- 서당개 삼년이면 보신탕감이다.

※ 환자를 문안할 때 용기와 격려의 병문안을 하자.
　-얼굴이 너무 여위고 창백하군.
　-내가 잘 아는 사람이 자네 같은 병으로 죽었어, 그래서 걱정했지
　-푹 좀 쉬어, 그래도 회사일은 걱정없이 잘 돌아가니까
　-너무 고생이 오래 가네, 이젠 툭툭 털고 어서 일어나야지
　이렇게 말 하면 격려가 아니라 환자의 처지에서는 말 한 마디 한 마디가 충격을 주는 말이 되고 만다.

환자의 마음에 위로와 격려가 되려면, 무의식중에 힘이 솟아나도록 하려면, 이렇게 말을 바꾸어 해 보면 좋겠다.
　-이 친구 전보다 많이 좋아졌네, 안색이 아주 좋아졌어
　-생각보다 일찍 퇴원할 수 있을 것 같아
　이런 말이 위로와 격려의 말이 된다. 말 한 마디가 환자의 마음에 위로도, 충격도 된다는 사실을 생각할 때 말의 중요성을 더욱 깨닫게 된다.

13. 미용실

미용사-"어떻게 깎아드릴까요?"
손 님-"천 원만 깎아주세요?"

14. 음식점

주 인-"손님, 또 뭐 시키실 거 있으세요?"
손 님-"이 국 좀 식혀주세요?"

* 우리의 뇌세포는 약 1천억 개가 되는데 스트레스를 오래 지속적으로 받으면 두뇌건강에 매우 심각한 영향을 초래하며 스트레스 호르몬이 뇌 속에 오래 머물게 될 경우 뇌세포가 많이 죽게 된다.

스트레스를 많이 받고 있는 사람이라면 웃음이 필요하다. 두뇌를 많이 사용하고 있는 현시대는 스트레스를 많이 받는 사람이 점점 많아지고 있다. 그러므로 지금은 무엇보다도 더욱 유머와 웃음이 필요하다.

웃음은 인생을 역전 시킨다.
- 우리의 인생을 웃음으로 리필 되도록 하자.
  - 좋은 것은 다시 찾게 된다.
- 잘못된 인생관과 습관들은
  - 자신의 인생을 리콜 시켜 망치게 만든다.

15. 시골길과 스님

버스가 길이 험한 시골길을 달리고 있었다. 버스에는 남루한 옷을 입은 스님 한 분이 앉아 있었다. 버스가 급커브 길을 돌면서 갑자기 튀어나온 멧돼지 때문에 버스기사가 급브레이크를 밟자 차가 옆으로 쏠리며 승객들이 놀랐다.

이때 같이 타고 가던 못생긴 추녀가 스님의 품으로 쓰러졌다. 이때 스님은 이렇게 기도했다.

"부처님, 제발 절 시험하지 마시기 바랍니다. 나무아미타불…."

얼마를 지나서 돌발 상황이 전개되어 다시 급정거를 하자 이번에는 예쁜 아가씨가 스님의 품에 안겼다.

"부처님, 이것이 저를 위해서 행하시는 부처님의 뜻이라면 기꺼이 받아들이겠습니다. 나무아미타불…."

＊ 인간은 공포나 스트레스에 맞서서 이기기 위한 놀라운 방법을 가지고 있는데 그것이 바로 웃음이다.

연구발표에 의하면 스트레스는 두뇌의 학습능력을 방해하는데 이때 학습과 관련된 마음의 통로가 망가지고 반면에 중뇌에서는 본능적으로 도망치거나 싸우려는 능력이 활성화 된다. 이때 웃음은 혈류의 스트레스 물질에 화학적 반응을 일으켜 긍정적 사고로 바뀌게 한다.

16. 백만 번째 손님

 어느 할머니가 비치백을 하나 들고 백화점 문을 들어서자 팡파르가 울려 퍼지고 폭죽이 터졌다. 할머니는 깜짝 놀라며 영문을 몰라 하는데 백화점 사장과 직원들이 우르르 몰려왔다.

 "할머니, 축하합니다. 할머니가 우리 백화점 백만 번째 손님입니다. 기념으로 할머니에게 백만 원을 드립니다." 라면서 봉투에 든 백만 원짜리 수표를 할머니에게 건넸다.

 엉겹결에 백만 원을 받아 든 할머니에게 백화점 사장이 물었다.
 "할머니, 우리 백화점에 무얼 구입하러 들르셨나요?"

 할머니는 들고 있던 비치백을 쳐들면서,
 "응, 이 물건 무르러왔지."

※ 강의에 유머를 활용하자.

1. 유머는 타고난 능력이기도 하지만 배우고 익히는 연습이다.

2. 유머를 통한 웃음이 스트레스의 해소와 건강에 미치는 영향이 크다.

3. 유머는 마음을 열게 하여 쉽고 편안하게 다가갈 수 있는 능력이다.

4. 유머는 긍정적인 감정을 유발하도록 도와주므로 집중력을 향상 시킨다.

5. 유머는 기분을 좋게 해 주며 정보가 생생하게 기억되도록 한다.

유머소재의 발굴 7가지 비법

1, 자신이 웃겼던 모든 것에서 찾아라.
2, 편견과 모순을 찾아내라.
3, 속 마음이 무엇인지를 찾아내라.
4, 직업과 기능별로 특징을 찾아 분류하라.
5, 성공담과 실패담에서 찾으라.
6, 상대의 관심이 무엇인지를 알고 찾아내라.
7, 삶 자체에서 찾아내라.

17. 치과의사

치과의원에 환자가 찾아왔다.

"선생님, 이가 쑤시고 아파서 견딜 수가 없습니다. 단번에 쑥 뽑아주세요."

"어디 봅시다. 아하! 이빨이 많이 상했네요. 그냥 치료를 하시려면 5~6회 통원치료를 해야 되구요. 발치를 한다면 금방 할 수 있습니다."

"제가 바빠서 통원치료는 어렵고 어서 쑥 뽑아 주십시오."
"그러시면 발치를 해 드리도록 하겠습니다."
"시간은 얼마나 걸리나요?"
"예, 10초 정도면 됩니다."
"비용은 얼마나 듭니까?"
"일 만 원이면 되겠습니다.
"아니, 10초 정도 걸리고 일 만 원이나 받습니까?"

"그럼 10초가 아니라 희망하신다면 한 시간쯤 걸리게 뽑아 드릴까요?"

※ 이런 유머는 상대의 불편한 감정을 역이용하여 상대방에게 부드럽게 받아쳐 웃음을 유발 하게하는 효과를 나타낸다.

남에게 창피를 주거나 불쾌감을 주지 않고도 웃음을 유발할 수 있는 소재들이 얼마든지 있다.

건강웃음법의 3대 포인트

1. 크게 웃는다
   - 입을 최대 크게 벌리면서 큰 소리로 웃는다

2. 길게 웃는다
   - 뱃속에서부터 날숨을 쉬며 15초 이상 웃는다

3. 온 몸으로 웃는다
   - 배와 어깨, 팔, 다리, 온몸을 움직여서 웃는다

18. 사랑 고백

멋지고 예쁜 문자메시지가 유행 할 때의 일이다. 어떤 청년이 멋진 문자메시지를 생각하고 고안해낸 문자는 이러했다.
"나 어제 한강에 500원짜리 동전을 하나 떨어뜨렸는데 그거 찾을 때까지 우리 친구하자." 이었다.

그 청년은 오랫동안 짝사랑하던 여자에게 보냈다.
멋진 문구라 생각하고 보내고 나서 왠지 모를 만족감에 회심의 미소를 짓고 있는데 금방 회신이 왔다.

"멋진 문구에 감동받아 금방 답을 보냈군."
그러나 휴대폰을 여는 순간 까무러치게 놀랐다.
"내가 천 원 줄 테니 꺼져버려."

19. 운전면허시험

 어렵고 어려워 세 번이나 낙방하고 역사적인 네 번째 운전면허시험 마지막 도로주행시험이 남았다. 종목은 2종 보통면허, 경찰관이 탑승하자 가슴이 두근두근 괜히 쫄았다.

 "자, 안전벨트 매셨지요? 이제 간단한 조작에 대해 물어보도록 할게요."
 "스틱에 'P' 'R' 'D' 'T' 이렇게 쓰여 있는데 그 중에 'P'는 무엇이지요?"

 "네, 제 피는 AB형인데요."

20. 운명적인 만남

　너무나 외로운 개구리가 외로움을 달래기 위해 전화 상담코너에 전화를 걸어 그의 장래에 대해 물었다. 상담전화를 받은 사람은 이렇게 말했다.
　"당신은 얼마 후 당신에 대해 모든 것을 알고 싶어 하는 아름다운 여인을 만날 수 있을 것이요."
　이 소리를 들은 개구리는 기뻐서 어쩔 줄 몰랐다.
　"우와! 정말로 잘 됐네요. 그러면 멋진 파티 같은 곳에서 만나게 되나요?"

　"아닙니다. 생물실험시간에 만나게 될 겁니다."

21. 북한에서 불알은?

북한에서 전구를 불알(불의 알)이라고 한다. 그러면 전구가 여러 개 있는 샹드리에의 북한 말은?
 -떼 불알
 -형광등은? : 긴 불알
 -거리에 있는 가로등은? : 선 불알
 -형광등을 켜기 위한 작은 전구는? : 씨 불알

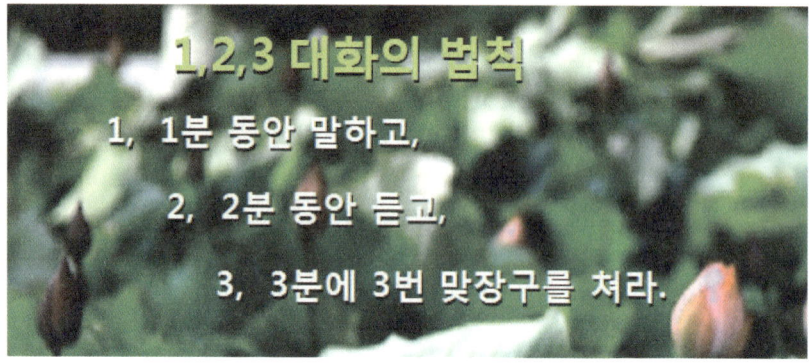

22. 실내화

　영수는 몸이 허약해서 몸을 보강하기 위해 헬스장에 등록을 하고 열심히 헬스를 하고 있었다. 이때 몸이 건장하고 우락부락하게 생긴 사내가 영수 곁에 오더니 얕잡아보는 표정으로 물었다.
"야! 너도 운동 하냐?" (운동화냐?)

　이 말을 듣고 성질이 난 영수는 이렇게 대답했다.
"아뇨, 실내환데요."

　＊ 남을 비하하고 무고한 사람을 끌어들여 바보로 만들어 유머의 질을 저질화하여 그 생명을 죽여서는 안 되는 것이다.
　유머는 멀쩡한 사람을 끌어들여 공격하고 바보로 만들어 버리는데 쓰이는 것이 절대 아니다.
　유머 속에는 따뜻한 점과 함께 그 내용이 건전하고 정상적인 내용을 사용하되 갑자기 생각하지 못한 비정상적인 내용으로 갈 때에 관중들이 폭소를 자아내게 하는 거이 진정한 유머다.

23. 유괴 수법

학교 수업이 끝나고 집으로 돌아가는 성수에게 어떤 아저씨가 다가왔다.
"꼬마야, 내가 네게 천원을 줄 테니 나하고 같이 가자?"
그러자 똑똑한 성수가 대답했다.
"아저씨, 그러면 내가 만원을 줄 테니 나하고 파출소까지 같이 갈래요?"

24. 양반 김

김과 당근, 햄, 시금치, 단무지가 서로 자기가 빠르다고 우기다가 결국은 달리기 시합을 하기로 하였다. 당근, 햄, 시금치, 단무지는 죽자 사자 뛰는데 김은 천천히 걸어오고 있었다. 그래서 신경이 곤두선 당근, 햄, 시금치, 단무지가 김밥에게 물었다.
"야! 너는 달리기 시합을 하기로 하고서 왜 천천히 걸어 오냐?"

그러자 김이 하는 말...
"나는 양반김이거든."

25. 한 개만 네 꺼

어느 엄마가 아들의 고추가 너무 작아서 걱정을 하다가 아이를 데리고 병원에 갔다. 병원에서 이리저리 검사를 하고 진찰을 마친 의사가
"매일 아침 마다 공복에 바나나 한 개씩을 먹이도록 하세요. 효과가 클것입니다."
엄마는 이 이야기를 듣고 과일가게에 들러 바나나를 한 박스 샀다. 아이가 깜짝 놀라며 하는 말
"엄마! 웬 바나나를 그렇게 많이 산대요?"

"야 이놈아 네 거는 한 개고 나머지는 네 아빠 꺼야."

* 40대가 넘어서면 많은 남자들이 성기능 장애 때문에 정상적인 성생활을 하지 못하는 경우가 많다.
특히 담배를 많이 피우는 흡연 남성의 경우 발기부전의 증상이 특별히 많다.
성기가 발기 되는 것은 혈액이 모여들어 팽팽하게 발기 되는데 흡연을 계속하면 혈액이 모여들다가 빠져 버리는 증상이 심해져서 발기부전의 원인이 된다.

26. 앵무새

어떤 남자가 앵무새를 사러 새집에 갔다. 자세히 보니 앵무새의 다리에 한 쪽은 파란 끈이 다른 한 쪽은 빨간 끈이 묶여 있는걸 보았다.

이 사람은 새집 주인에게 이 끈이 무엇이냐고 물었다.
"이 녀석은 특수교육을 받은 놈으로 빨간 끈을 당기면 영어를 말하고 파란 끈을 당기면 일본어를 말합니다."

"참으로 훌륭한 앵무새군요. 그러면 두 끈을 모두 잡아당기면 무슨 말을 하게 되나요?"
그 말이 떨어지자마자 앵무새가 대답했다.

"멍청하긴 두 끈을 다 잡아당기면 내가 넘어지지?"

27. 애인과 알바의 공통점

1. 구하기가 힘들다.
2. 돈 때문에 생각할 일이 많다.
3. 있다고 자랑할 때가 많다.
4. 있다가 없으면 허전하다.
5. 막상 찾으려고 하면 잘 구하기 힘들다.
6. 신경 끄고 있다 보면 기회가 올 때도 있다.
7. 익숙해지려면 제법 시간이 걸린다.
8. 힘들어서 그만둘 때도 정신적 압박이 크다.
9. 옛날 것이 그리워지기도 한다.
10. 남들은 다 있는데 나만 없으면 내가 무능력하게 생각이 든다.

28. 남자들의 착각

여자가 자기를 쳐다보면 자기에게 관심이 있는 줄 안다.
솔직히 나 정도면 괜찮은 남자인 줄 안다.
못 생긴 여자이면 꼬시기 쉬운 줄 안다.
임자 없는 여자이면 다 자기 여자가 될 수 있다고 생각한다.

29. 거꾸로 읽으면

아 좋다 좋아.
다들 잠들다.
다리 그리고 저고리 그리다.
다시 올 이월이 윤이월이올시다.
다 같은 것은 같다.
다시 합창 합시다.
색갈은 짙은 갈색.
바로 크는 크로바.
소 있고 지게 지고 있소.
다 이쁜이 뿐이다.
여보 안경 안보여.
짐 사이에 이사 짐.
홀아비 집 옆집 비아 홀.
나가다 오나 나오다 가나.

30. 꼬마 아들이 대통령이 되면

5살 아들과 아빠가 이야기를 나누고 있었다.

아빠-"우리 아들 나중에 크면 뭐가 되고 싶어?"

아들-"대통령"

아빠-"그럼 우리 아들 나중에 대통령되면 아빠에게 뭐 시켜줄 거야?"

아들-"자장면요!"

우울증을 이기는 '행복한 척' 웃음 운동

웃음은 빛과 같다. 입꼬리를 올리는 순간 마음속의 근심은 사라진다. 마치 빛이 비추면 일순간에 어둠이 사라지는 것과 같다. 우울할 때는 행복한 척, 기분 좋은 척, 기쁜 척, 신난 척 하면서 입꼬리를 올려보자. 사실은 아니어도 그런 척만 해도 실제로 신나는 기분에 빠져든다.

31. 결혼을 위해서

어느 남자가 사랑하는 한 여자에게 결혼하자고 하자 여자가 말했다.

"저는 용기도 있고 머리도 좋은 사람하고 결혼할 거예요."

남자는 매우 자신 있는 어조로 여자에게 대답했다.

지난번 보트가 뒤집혔을 때 제가 목숨을 아끼지 않고 당신을 구해주지 않았나요? 그것으로도 제가 용기가 있다는 것이 증명되지 않았습니까?"

"그건 충분해요. 그러나 머리가 좋아야 한다는 조건은 남아 있지 않나요?"

"아, 그거라면 맘 놓아도 됩니다. 지난번 그 보트를 내가 뒤집었거든요."

32. 남편이 한 짓

술이 잔뜩 취해 들어온 남편이 볼일을 보고 들어와서 아내에게 말했다.

"우리 집 화장실은 너무 좋아, 문만 열면 불이 탁 켜지니 말이야."

그 소리를 듣자 아내가 화를 내며 소리쳤다.

"당신, 또 냉장고에다 소변봤지?"

33. 학과별 파리 죽이는 방법

1. 정치학과-파리 떼를 여당과 야당으로 편을 나뉘게 한 다음 피터지게 싸우게 하여 스스로 죽게 만든다.
2. 철학과-모든 파리는 죽는다, 고로 파리도 죽는다, 그냥 놔두면 죽는다.
3. 경찰학과-파리 한 마리를 검거한 후 고문해서 '프락치'로 만든 후 다른 파리들을 일제 검문한다.
4. 전파공학과-모든 파리에게 휴대폰을 무료로 공급하여 전자파 피해로 모두 죽게 만든다.
5. 신문방송학과-암 파리의 야한 사진을 찍어 언론에 공개하여 언론프레이를 통해 암 파리가 자살하도록 한다.

행복해서 웃는 것이 아니고
웃으면 행복해 진다.

웃으면 웃을 일이 생긴다.
내가 먼저 신택히고 웃자

부정적인 생각을 버리고
긍정적인 생각으로 바꾸자

34. 지각

영수가 지각을 하여 선생님이 이유를 물었다.
"오늘 왜 지각을 했니?"
"네, 길에서 돈 1만원을 잃어버린 사람이 있어서요."
"그래, 그 사람 돈을 찾아주느라고 늦었구나?"

"아뇨, 그 사람이 돈을 포기하고 갈 때 까지 그 돈을 밟고 있었어요."

○ 웃음은 허파꽈리에 산소가 가득 차고 이 산소는 혈류를 따라 온 몸에 골고루 퍼지며 뇌세포에 전달된 산소는 뇌세포를 건강하게 지켜준다.

35. 선생님에게 없는 것

어느 초등학교에서 여자선생님이 수업을 진행하고 있었다. 관찰은 주의 깊게 해야 한다고 설명을 마치면서 어린이들에게 물어보았다.

"저 벽시계에 있는 것이 선생님에게도 있는 것은 무엇일까요?"
한 어린이가 대답했다.
"두 손이 있어요."
"그리고 또 있는 것은 무엇인가요?"
"얼굴도 있어요."
"그렇지요, 잘 맞았어요, 그러면 벽시계에는 있는데 선생님에게는 없는 것은 무엇일까요?"
한 동안 침묵이 흐르더니 한 학생이 자신 있게 대답을 했다.

"불알이요."

36. 끊기로 했다네

담배에 중독이 되어 한시도 담배 없이는 견디지 못하는 애연가 형과 전혀 담배를 피우지 않는 동생이 한자리에 앉았다.
"여보게, 동생! 요즘 자주 나오는 TV방송에 담배가 건강에 얼마나 해로운지, 얼마나 끔찍하게 나오는지… 그래서 이제 끊기로 했다네."

"정말이세요, 형님 대단하시네요. 정말 어려운 결심을 하셨네요."
"동생! 오해 말게, 난 담배를 끊는다는 것이 아니라 방송을 보지 않겠다는 거라네."

"그럼 그렇지, 형님 같은 골초가 어떻게…"

* 간지럼으로 웃을 때 10초에 심호흡 2회분의 산소가 몸속으로 들어온다. 암환자들에게도 지옥 같은 항암제나 방사선 치료에 비한다면 발바닥이나 겨드랑이를 간질이는 요법은 얼마나 편하고 천국 같은 느낌이 들겠는가.

 어린이들의 아토피 질환에도 아이를 끌어 안아주고 엄마 아빠와 같이 뒹굴면서 간질이면서 웃어보자. 이렇게 할 때 아이는 재미를 느끼게 되고 서로를 간질이게 되고 더욱 친밀감을 느끼며, 쌓인 스트레스는 감쪽같이 살아지고 T세포의 변형으로 생기는 아토피는 놀랄 만큼 개선된다.

> 유머의 적절한 구사는 강사라면 그의 운명을 좌우하게 되는 중요한 부분이 될 것이다. 설교자, 교수, 교사, 인도자 등은 대표적인 유머를 사용해야 하는 강사라고 할 것이다.
>
> 야구에서 홈런이 중요하듯이 강의에서는 유머는 선택이 아닌 필수라고 할 것이다.

37. 약물 복용

토끼와 거북이가 달리기 경주를 또 하게 되었다. 토끼는 잠 자느라 경주에 진 것이 여러 번, 이번에는 꼭 이기고 말겠다는 결심을 하고 각성제를 먹고 시합에 임했다. 토끼는 각성제 덕분에 결승선까지 한 번도 쉬지 않고 달렸다.

자랑스럽게 결승선을 통과한 토끼는 한참이 지나서야 들어오는 거북이를 보고 의기양양하게 큰 소리를 외쳤다.
"이번에는 내가 이겼다."
그 말을 들은 거북이가 의기양양해 하면서
"아니다. 내가 이겼다." 하고 말했다.

토끼는 열을 받아서 다음과 같이 말 했다.
"야! 이 바보, 느림보 거북아, 나는 들어온 지 한 시간도 넘었다."

거북이의 대답…
"너는 약물복용 했잖아."

38. 참새 시리즈 (1960년대)

전기 줄에 참새 299마리가 앉아 있었다.
포수가 이를 발견하고 총을 쏘기 시작했다.
그런데 157마리째를 쏘고 나서 한숨을 푹 하고 내 쉬더니 그냥 돌아앉는 것이었다.

이 때문에 화가 치밀어 오른 참새 귀신들 157마리가
"왜 우리만 쏘고 나머지들은 안 쏘느냐?"며 따지고 대들었다. 그러자 포수가 하는 말,

"너희들은 날치기 했잖아!"
(당시 국회의원 수는 299명, 그 중에 날치기를 통과시킬 때 가담한 국회의원 숫자는 157명이었다.)

39. 참새의 분노

전깃줄에 참새 떼가 나란히 앉아 조잘대고 있었다. 이를 본 사냥꾼이 곧바로 한쪽 눈을 감고 참새를 향해 총을 겨누고 심호흡을 가다듬은 뒤 방아쇠를 당겼다. '탕' 하는 소리와 함께 참새 떼는 혼비백산 날아가 버렸고 안타깝게 암놈 참새 한 마리만 총에 맞고 땅바닥에 떨어졌다. 땅바닥에 떨어진 참새는 마지막 숨을 헐떡이면서,

"내가 미친년이야, 미친년이지! 그 사냥꾼 녀석이 한쪽 눈 감고 윙크하는 줄 알았는데… 오~ 배신감… 이 세상 수컷이란 다들 늑대야, 늑대…."

40. 남자가 여자를 무서워 할 때

30대 : 아내가 백화점 갈 때 – 긁어대는 카드대금 결재가 걱정돼서
40대 : 아내가 샤워할 때 – 남편에게 돌아오는 밤은 무서워할 수밖에
50대 : 아내가 곰탕을 끓일 때 – 혹시 날 떼놓고 여행 갈까봐.
60대 : 아내가 장롱을 뒤집으면 – 아내가 집을 나갈까봐.
70대 : 아내가 도장을 찾을 때 – 혹시 이혼하자고 할까봐.
80대 : 아내가 목공소를 갈 때 – 벌써 내 관을 짜려고?

* 많은 사람들이 허세 부리기를 좋아한다. 그러나 지나친 허세는 결국 자신의 인격을 손상시키고 비판의 대상이 되기 쉽다. 성경에는 말의 중요성을 이렇게 기록하고 있다.
"의인의 혀는 천은과 같거니와 악인의 마음은 가치가 적으니라."(잠10:20)
"네 입의 말로 네가 얽혔으며 네 입의 말로 인하여 잡히게 되었느니라."(잠 6:2)

우리가 내 뱉는 말 한마디에 자칫 스스로를 지배당하게 하고 망하게 할 수도 있다.

41. 응급조치

어느 초등학교에 보건선생님이 응급조치에 대하여 수업을 하고 있었다.

"여러분, 손가락이나 발가락에 상처가 나서 피가 많이 흐르면 어떻게 해야 하나요?"

"예, 손이나 발을 동여매야해요."

선생님이 옳다고 하면서 열심히 부연설명을 하였다.

"맞아요, 손이나 발의 피가 흐르는 동맥을 끈으로 동여매서 피가 멈추게 해야 해요."

이때 선생님의 설명을 열심히 듣던 한 아이가 손을 번쩍 들고 말했다.

"선생님, 그러면 코피가 나면 끈으로 목을 꽉 동여매야 하나요?"

42. 나를 닮았어

어느 남자가 득남을 하게 되었다. 친구들에게 자랑을 하기 시작하였다.
"이봐! 글쎄, 나를 닮았어도 너무 닮았어. 우리 아들 녀석이 눈도 코도 입은 물론이고 뒤통수까지 나를 쏙 빼 닮았어."
라며 자랑을 했다.

그 이야기를 듣고 친구가 하는 말,
"그래, 그래, 알았어, 너무 비관하지 않아도 돼. 아이들은 차차 자라면서 나아질 테니까. 너무 걱정 말아."

43. 맞는 열쇠가 없어서

어느 은행에서 청소를 하는 아줌마가 사표를 냈다. 이유인즉, "지점장님은 저를 너무 믿지 않고 계셔요." 라며 항의를 하였다.

이 소리를 들은 지점장이 정색을 하면서,

"아니! 아주머니, 어떻게 그런 말씀을 하십니까? 나는 심지어 금고 열쇠까지도 아무데나 놓아두고 다니지 않습니까?"

이 소리를 들은 아주머니 왈,

"그건 사실입니다. 그러나 맞는 열쇠는 하나도 없더라구요."

* 세상에서 가장 지혜로운 자는 모든 것을 통하여 배우는 자 이고
* 세상에서 가장 강한 자는 자기 자신과 싸워 이기는 자 이며
* 세상에서 가장 부유한 자는 자기가 가진 것으로 만족해하는 자이다

-탈무드-

※ 행복은 재수가 좋아서 저절로 생기는 것이 아니다. 긍정적인 말, 행복한 생각, 그것이 생활화 되면 행복한 기분이 샘솟고 마음이 유쾌해지며 좋은 말을 하는 습관이 몸에 밴다. 그러면 남은 것은 성공이다. 긍정적인 입버릇은 긍정적 사고로 이어지고 그것은 마침내 우리의 인생이 소망하던 쪽으로 움직이게 된다.

말대로 된다고 말하지 않던가?
말이 씨가 된다고 이야기하지 않던가?

바로 긍정적인 말 한마디가 그 사람의 인생을 바꾸어 놓는다는 사실, 그리고 우리의 가정을 행복하고 웃음꽃 피게 하는 것은 긍정적인 말 한마디에 달려있다는 사실을 잊지 말자.

※ 행복한 사람은 모든 것을 가진 자가 아니고
　 가진 것을 최고의 것으로 만드는 사람이다
※ 하루를 찬란한 햇빛처럼
　 일출의 장엄함을 선택하는 긍정적 사고를 갖자.

　 -그러면 건강과 행복은 우리의 것이 된다.-

44. 의사의 허세

어떤 의사가 병원을 개업하여 간판을 내걸었다. 간판을 보고 첫 손님이 찾아왔다. 의사는 매우 바빠야 유명한 의사라는 점을 알리려고 그 손님을 15분 동안을 기다리게 해놓고 수화기를 들었다.

"여보세요? 아, 김 박사님이십니까? 맹장수술 하시고 퇴원하셔서 지금 어떻습니까? 네, 경과가 좋으시다구요, 감사합니다." 그리고는 기다리는 손님을 향하여,

"어디가 불편하여 오셨습니까?"

"네, 저는 전화국에서 선생님의 전화를 연결해 드리려고 왔습니다."

미움의 안경을 쓰고 보면

똑똑한 사람은 잘 난체하는 사람으로 보이고
착한 사람은 어수룩한 사람으로 보이고
얌전한 사람은 소극적인 사람으로 보이고
활력 있는 사람은 까부는 사람으로 보이고
잘 웃는 사람은 실없는 사람으로 보이고
예의 바른 사람은 얄미운 사람으로 보이고
듬직한 사람은 미련하게 보이지만

45. 가나봐라, 가나봐

놀부네 집에 스님이 시주를 받으러 왔다. 그러나 놀부가 시주를 할리 만무다, 아무리 목탁을 두드리며 염불을 외었으나 놀부는 꿈쩍도 하지 않고 있었다. 스님도 지지 않겠다는 의연한 자세로 목탁소리는 점점 커지고 분위기가 탁해지고 있을 즈음, 놀부가 화가 치밀어 올라서 바가지를 들고 나와 두드리기 시작하며 염불을 외었다.
"주나봐라, 주나봐, 주나봐라, 주나봐."
기가 막힌 스님은 이때 다시 자세를 바로 잡더니 염불을 외기 시작했다.
"가나봐라, 가나봐, 가나봐라, 가나봐."

사랑의 안경을 쓰고 보면

잘 난체하는 사람도 똑똑한 사람으로 보이고
어수룩한 사람도 참 착해 보이고
소극적인 사람도 참 얌전해 보이고
까부는 사람도 참 활기 있어 보이고
실없는 사람도 참 밝아 보이고
얄미운 사람도 참 씩씩해 보이고
미련하게 보이든 사람도 참 든든하게 보입니다.

46. 버스기사의 위트

어떤 사람이 버스를 탔다. 기사에게 질문을 했다.

손님 : "이 버스 어느 쪽으로 갑니까?"
기사 : "앞으로 갑니다."
손님 : "뭐라고요? 여기가 어딘데요?"
기사 : "버스 안입니다."
손님 : "지금 장난합니까?"
기사 : "아니오, 운전하고 있습니다."

* 잘못된 말 한마디가 우리의 몸과 마음을 상하게 한다. 세상에는 내가 원하든 원치 안든 좋은 일도 생기고 또한 나쁜 일도 생기게 마련이다.

그러나 좋은 일을 선택하느냐 나쁜 일을 선택하느냐 하는 것은 전적으로 본인의 생각에 달려있다는 사실이다. 그렇다면 무엇 하러 상황과 감정을 나쁜 생각으로 몰아 갈 필요가 있겠는가.

47. 오대양 육대주

초등학교 삼학년 어린이에게 선생님이 숙제를 냈다.

숙제는 오대양과 육대주를 적어오라는 것이었는데 아무리 애를 써도 오대양 육대주가 생각이 나지 않아 걱정이었다. 마침 시골에서 할아버지가 올라오셔서 사실을 얘기하게 되었다.

"아가야, 그게 뭐가 그리 힘드노, 이 할배가 알려 주꾸마."
"오대양은 김양, 박양, 이양, 윤양, 서양하고 쓰면 되고, 육대주는 맥주, 소주, 양주, 동동주, 포도주, 기라꼬 응, 막걸리라고 써 가면 된다 아이가?"

그러나 이 아이는 다음날 담임선생님에게 엄청나게 혼나고 집에 와서 할아버지를 원망하며 울었다. 할아버지가 다시 하시는 말씀,
"아그 참, 내가 깜박 탁주를 막걸리라고 잘못 썼구나, 탁주로 고쳐가면 된다 아이가?"

* 사람마다 고유한 방식으로 신경망이 연결되어 있으므로 강사는 이러한 사람마다의 차이를 받아드리고 허용하며 인정해야 한다.

이런 차이를 현실로 받아드린 강사들은 가르치는 방식이 좀 더 유연하고 더욱 창조적인 방식으로 수업을 하게 된다. 유머는 바로 창조다. 재미있는 응용력과 창조력이 유머리스트에게 가장 필요한 것이다.

당뇨병, 심근경색, 뇌졸중 예방

* 웃음은 혈당치 상승을 네 배나 억제시킨다. 이것은 결국 당뇨병, 심근경색, 뇌졸중의 예방과 직결된다.
* 당뇨로 인해 생기는 신경장애, 신장장애, 망막증의 예방도 직결된다.
* 뇌에 많은 산소를 공급하여 뇌세포가 건강하게 생존하여 뇌졸중을 예방한다.

48. 누가 우물에 앉아있어요

어느 시골 깡촌에 살던 처녀가 식모살이라도 해서 결혼자금을 마련하러 서울에 가서 부자 집에 식모로 들어갔다. 마침 주인어른의 생일날이라 손님들이 초대되었고 분주하게 일을 하게 되었는데 음식이 짰던지 주인이 자꾸 물을 달라고 해서 냉수를 떠 날랐다.

얼마 후 다시 갈증이 생겨 냉수를 주문했는데 이 처녀는 물컵을 들고 왔다 갔다 하면서 난감해 하고 있는 것이었다.
"아니 냉수 좀 한잔 달라니까 왜 그러고 서 있어?"
"누가 우물에 앉아서 일어나질 않아요."

※ 우리의 전통적인 교육방식은 비판적인 사고력을 키우도록 하지 않는다. 특히 오늘날 학교에서 가르치는 교사, 교수, 다양한 강사들 모두가 창조적인 교육방법을 배운 사람이 별로 없다. 이것은 우리 교육의 치명적인 단점이다.

　이스라엘의 쉐마교육 같은 창조성을 발휘 할 수 있는 교육이 우리에게 꼭 필요하다. 이스라엘은 인구가 400만 명이지만 세계의 노벨상 수상자 804명 중 184명이 유대인이다. 우리도 창의성, 창조성으로 여유를 찾고 교육환경이 개선되기를 바란다.

※ 유머는 개그맨들이나 특정한 사람들에게 주어진 전유물이 아니다. 또한 어떤 사람들에게 만 주어진 특별한 달란트도 아니다. 유머나 위트는 물론 그 방면에 특별한 재능이 있는 사람들도 있지만 우리 모든 사람들에게 주어진 잠재적인 능력이기도 하다.

 나 자신이 유머에 대한 능력이 부족하다고 생각 한다면 책을 많이 읽고 또 남의 유머를 많이 들으며 기록하고 나의 특성에 알맞은 유머는 특별히 기억하고 메모하여 사용하는 습관을 기르자. 그러면 바로 당신도 멋진 유머리스트가 될 수 있다.

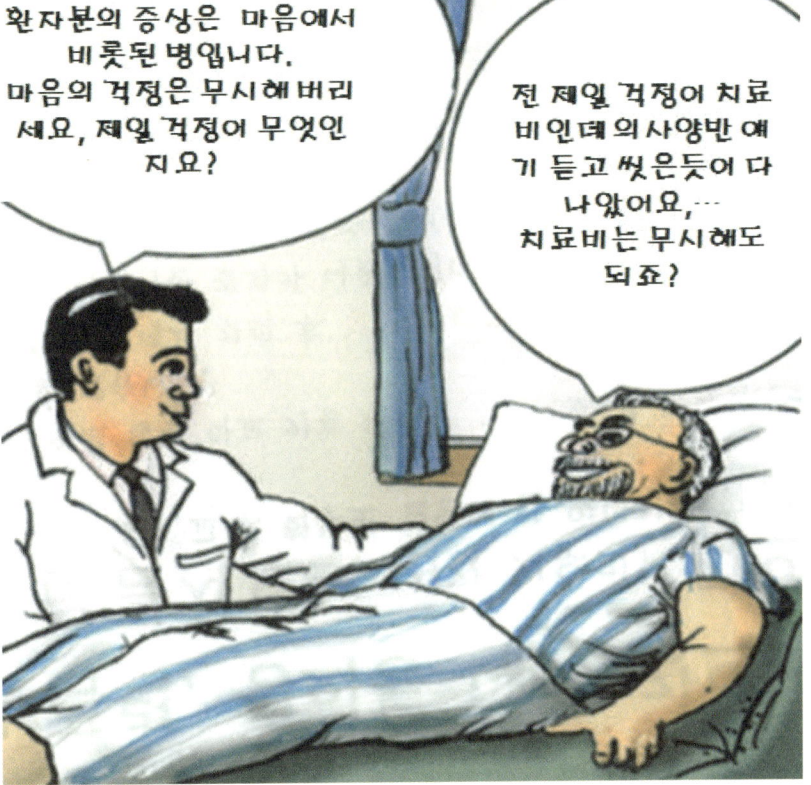

＊ 농담과 유머는 비슷하기는 하지만 그 속성에는 차이가 있다. 웃기를 좋아 한다는 사람들은 많지만 농담을 좋아한다는 사람은 별로 많지 않다. 이것은 유머와 농담을 다르게 본다는 의미로 본다.

유머는 어떤 상태의 속성을 예상치 못한 방향으로 이끌어 웃음을 유발하지만 농담은 그런 상태를 행동으로 표현하는 것이다. 유머를 구사하는 사람들의 행동이 바로 농담인 것이다. 유머는 농담 한마디 하지 않고서도 사람들을 웃게 만들 수 있는 것이다.

7. 분위기를 반전시키는 유머

1. 주례 비

결혼식을 앞둔 어느 예비신랑이 교회 목사님을 찾아와 주례를 부탁했다.

"목사님 제가 결혼을 하게 되었습니다. 주례 비는 충분히 드릴 테니 주례를 부탁드립니다." 농담을 잘 하시는 목사님이 대답했다.

"그럽시다, 주례 비는 신부가 예쁜 만큼만 주면 됩니다."
예비신랑은 고맙다고 대답하며 1,000원을 내밀었다. 목사님은 생각할수록 기가 막힌 일이었지만 이미 약속을 했기 때문에 주례를 서기로 했다. 드디어 결혼식을 치르게 되었다. 목사님은 1000원짜리 밖에 안 되는 신부의 얼굴이 궁금하여 신부의 얼굴을 자세히 쳐다보았다. 그리고 예식이 끝난 후 신랑의 손에 900원을 쥐어 주면서,

"받게! 주례 비, 거스름돈이야."

※ 지난 2009년에는 우리나라에 하루 평균 42명이 자살하는 현실을 보다 못한 정부에서는 "자살예방 5개년 종합대책"까지 마련하겠다고 나섰다. 실로 우울증에 빠진 한국이라 말할 수 있겠다.

그러나 우리나라는 예로부터 가난과 외국의 침략과 약탈가운데서도 웃음과 해학이 넘치는 신명나는 민족성을 지니고 살았다. 이러한 대한민국이 웃음과 기쁨이 넘치고 가정마다 일터마다 웃음꽃이 피어나고 행복하고 건강한 나라가 곧 이루어지기를 기대하고 간절히 바란다.

2. 꼬마의 재치

어느 수박농가에 한 꼬마가 수박을 사러왔다. 수박밭을 둘러보다 마음에 드는 큰 수박을 가리키며 수박 값을 물었다.
"아저씨, 저 수박 얼마짜리예요?"
수박밭 주인은 마치 큰 인심이라도 쓰듯이 대답했다.

"저거 원래는 1만 원짜리인데 팔천 원 만 내렴."
꼬마는 주머니를 뒤져 보고는 난처한 표정을 지으며 말했다.
"제가 가진 돈은 전부가 오천 원 뿐인데요."

그러자 주인은 밭의 수박덩굴에 달려있는 중간 크기의 수박을 가리키며 꼬마에게 말했다.
"오천 원이면 저 정도를 사면되지."
"좋아요, 저걸로 할 게요, 하지만 따지 말고 그대로 두세요. 한주일 후에 다시 올게요."

※ 유머는 재미있는 것을 지나서 교육적인 효과가 있어야 된다고 말 할 수 있다. 유머와 웃음치료를 배워서 강단이나 학교현장에서 적용하는 선생님들의 인기가 급상승하고 있다. 딱딱한 수업시간에 효과적인 유머 한마디로 교실 전체의 분위기를 바꾸어 주는 것이다.

재미있는 유머 한마디나 웃기는 동영상, 이런 것들은 사막의 오아시스 같은 신선한 충격과 더불어 지루하고 답답한 수업 분위기의 쇄신과 더불어 교사에 대한 의식이 무섭고 잔소리하는 선생님에게서 자상하고 재미있는 선생님으로 탈바꿈하게 될 것이다.

> 유머감각이 있는 사람이 직장인 이라면 직장이나 거래처에서 원만한 인간관계를 갖게 될 것이다.
>
> 요즘 직장은 전쟁터라고 말한다. 판매경쟁, 무역경쟁이 치열하다. 많이 팔기 위해서는 품질도 좋아야 하고 신용도 좋아야 하지만 무엇보다 인간적인 신뢰가 우선한다.

3. 엽기 스님

　버스에 한 점잖은 스님이 승복을 입고 앉아 있었다.
　시내버스의 승객들의 시선이 스님에게 집중되고 있는데…
이때 스님은 승복의 주머니에서 핸드폰을 꺼내 들더니 몸을 가다듬고 이렇게 말했다.
　"쫄따구!"라고…
　잠시 후 점잖은 목소리로,
　"잉구냐? 나다."
　버스의 승객들 숨을 죽이고 킥킥하며 웃었다.
　그런데 다시 핸드폰에 대고 하는 말,

　"주방장 나와!"
　잠시 후 목소리를 가다듬더니.
　"어머니세요? 접니다."
　주위에 승객들 소리 내어 웃었다.

　스님은 할 말을 끝내고 잠시 있더니 다시 핸드폰을 꺼내들고 말했다.
　"개××" 하는 것이었다.
　잠시 후 "여보세요? 주지 스님!" 하는 것이었다.

※ 미국에 노만 커즌스라는 잡지사의 편집장이 있었다. 어느 날 이 사람에게 갑자기 찾아온 불치라고 낙인이 찍힌 강직성 척추염이라는 병이 찾아왔다. 극심한 통증 때문에 입원치료 중 코미디프로를 보면서 웃었더니 엄청나게 아프던 통증이 사라졌다.

오백 명 중에 한 명이 치료된다는 불치의 병에서 해방되고 완치의 기쁨을 느끼게 된 그는 웃음치료의 대가가 되었고 캘리포니아 의과대학에 외래교수로 활동하게 되었다.

> 웃을 때 쾌락물질인 엔도르핀이 분비되고 크게 소리내어 웃으면 모르핀보다 300배 이상 강한 엔케팔린이 분비되어 통증을 막는다. 15분만 크게 웃어도 2시간 이상 통증이 완화된다.
> －노만 커즌스－

4. 맛있는 닭고기

나이 많아 시력을 거의 잃은 할머니에게 세 아들이 있었다. 하루는 이 세 아들이 누가 어머니에게 가장 효자인지 증명해 보자고 했다. 큰 아들은 방이 5개나 되는 큰 집을 어머니에게 선물했다. 둘째아들은 최고급 벤츠 승용차를 운전기사와 함께 어머니에게 보냈다. 셋째 아들은 사서삼경을 다 외우는 무척 머리가 좋고 신기한 앵무새를 어머니에게 선물했다. 드디어 결정의 순간이 왔다.

"큰아들이 사준 집은 식구도 없는 내겐 너무 크고 관리도 어렵고 둘째 아들 선물은 차탈 일도 별로 없고 운전기사도 부담스럽다."며 거절 하였고, 셋째 아들의 선물이 가장 맘에 들었다고 하면서,

"네가 보내준 토종닭은 정말 맛있게 잘 먹었다."

※ 한국인들은 잘 웃지 않으며, 조금만 지위가 올라가면 유머나 개그는 체면을 깎는 것으로 생각하는 경향이 크다.

독일사람, 영국사람, 한국 사람이 재미있는 유머를 들을 때,
독일인은 이야기 도중 웃고,
영국인은 신사 체면상 이야기가 끝난 후에 웃고,
한국인은 그 다음날 생각해보고 화장실 가서 웃는다고 하니 우리의 웃음이 얼마나 부족한 가를 다시 한 번 생각하게 한다.

1. 웃음은 몸과 마음을 함께 치료하는 최고의 치료 수단이다. (히포크라테스)

5. 세 여자

세 여자가 죽어서 저승에 가게 되었다. 결국 그들은 염라대왕 앞에서 차례대로 천국행과 지옥행의 심판을 받게 되어 기다리고 있었다.

염라대왕 : "너는 어떻게 살아왔는지 바른대로 대답 하거라."
여 자 1 : "저는요, 결혼 전에는 남자는 쳐다보지도 않고 살았고요, 결혼 후에는 오직 남편만 보면서 살았습니다."
염라대왕 : "그래, 요즘 보기드믄 여자로다, 자, 천국 가는 열쇠로다."

이제 두 번째 여자 차례가 되었다.
염라대왕 : "그럼 너는 어떻게 살았는고?"
여 자 2 : "저는 결혼하기 전에는 바람도 좀 피고 부모님 속을 좀 썩여 드렸지만 이제는 남편 하나만 바라보고 성실하게 살았어요."
염라대왕 : "음, 그러냐? 과거는 좋지 않았으나 바로잡고 잘 살았구나, 천국열쇠니라, 받아라."

이제 세 번째 여자가 다가왔다.
염라대왕 : "너는 어떻게 살았느냐?"
여 자 3 : "저는요, 그냥 별거 있나요? 결혼 전에는 여러

남자들을 조졌구요, 또 결혼 후에는 남편 모르게 나만의 테크닉으로 여러 남자들을 즐겁게 해 주었지요."
염라대왕 : "아니, 이런 못된 것이 있나, 이 열쇠를 받아라."
여　자 3 : "이건 어디 열쇠지요?"
염라대왕 : "내 방 열쇠니라."

＊ 유머는 교육적이기도 하고 감동적이기도 한 이야기들이 좋다. 남을 풍자하되 개인이나 그가 속한 단체에 불쾌감을 주거나 비난하지 말고 따뜻한 정감이 넘치는 유머가 좋다.

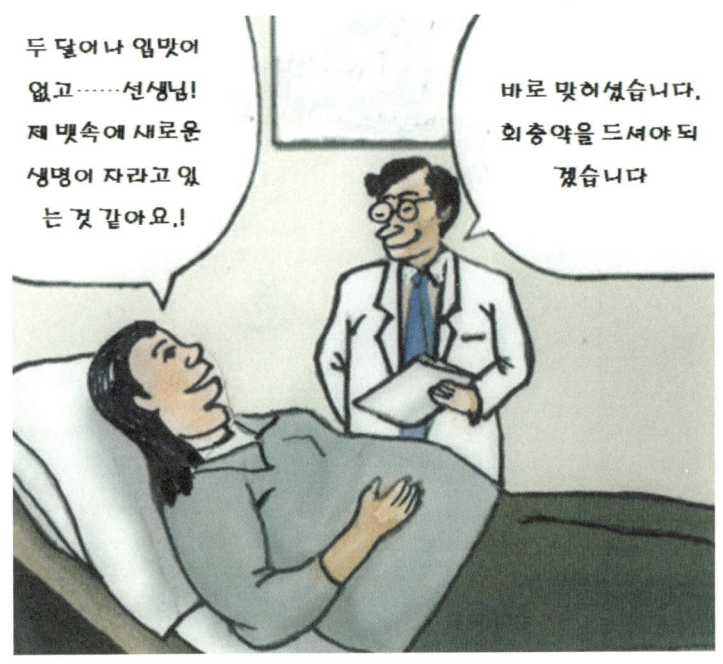

6. 사오정과 노처녀

올해 서른아홉 살인 노처녀가 사오정에게 물었다.
"야! 사오정, 내가 몇 살이나 먹어 보이니?"
사오정은 그 처녀를 이리저리 살펴본 후 말을 하지 않고 입을 다물었다.

"내 말 안 들려? 내가 몇 살이나 먹어 보이냐구?"
"글씨유, 잘 모르것는디유."
노처녀는 왜 모른다고 하는지 그 이유가 궁금했다.
"아니 모르다니, 모른다고 하는 이유가 뭐야?"
사오정은 대답하기가 곤란했지만 다그쳐 물어보니 대답을 하지 않을 수가 없었다.

"사실은유, 저는 마흔까지 밖에 세지 못 하거든유."
사오정은 그날 노처녀에게 죽도록 얻어맞았다.

7. 앞문이 열렸어요

어느 여학교에 남자 선생님이 새로 부임하여 첫 수업을 시작하였다. 처음으로 시작하는 수업이라 긴장한 나머지 바지의 자크를 올리지 않는 실수를 저지르고 말았다. 교실에 들어서자 학생들이 여기저기서 깔깔대며 웃기 시작하였다. 너무 정도가 지나치게 웃음소리가 커지자 선생님이 한 마디 했다.

"여러분 왜 웃어요? 조용히 해요, 너무 시끄럽네요."

그러나 웃음소리가 끝이지 않고 앞에 한 학생이 하는 말이,

"선생님 앞문이 열렸어요!"

선생님은 원래 여학생들은 잘 웃으니까 그렇겠지, 생각하며 점잖게 말했다.

"맨 앞에 있는 학생, 나와서 문 좀 닫아줘요!"

감동과 감사의 유전자 스위치를 켜자!

"아쉽게도 우리들 유전자 스위치는 대부분 오프(Off)로 되어있다. 그것을 온(On)으로 바꿀 수 있다면 우리 모두가 자신만의 꽃을 피우게 될 것이다."

— 무라카미 가즈오 —

— 감동과 감사는 좋은 유전자를 발현시켜서 면역세포의 증가와 함께 암세포를 박살내게 된다.

* 일본의 세계적 환경운동가인 후나세 슌스케가 저자인 웃음의 면역학이라는 책의 기록에 보면, 일본의 유전자연구학계의 일인자인 무라카미 가즈오 박사는 "정신적인 인자는 좋은 유전자의 발현에 관여 한다"는 학설을 발표하면서 긍정적인 인자는 좋은 유전자를 만들고, 반대로 부정적인 인자는 좋은 유전자의 생성을 방해 한다는 학설을 발표했다.

　"유전자에는 '움직여라, 잠들어라' 같은 명령어도 들어 있다. 이것을 유전자 스위치의 온 (on) / 오프 (off)라고 한다. 수 없이 많은 유전자는 사람 누구나 갖고 태어난 것이지만, 후천적인 여러 가지 요인으로 온 / 오프 할 때가 있다. 그런데 여러 사람들의 마음이나 생각, 여러 가지 정신적인 요인, 등이 유전자의 활동에 문제가 되고 있다."

　여기서 잠든 유전자를 깨워서 스위치를 온(on)으로 바꾸는 도구가 바로 웃음이다. 웃음은 유전자의 자명종 시계인 셈이다. 그러므로 웃자, 웃음은 잠든 유전자를 일하도록 명령하여 깨우고 그 유전자는 우리의 몸을 최적의 상태로 유지시켜 줄 것이다.

8. 웃기는 놈이 더 나빠

어느 학교에 선생님이 뒤가 뜯어진 바지를 입고 교단에 서게 되었다. 칠판에 글씨를 쓰며 움직일 때 마다 검은 바지 사이로 흰 팬티가 나왔다들어갔다 하면서 학생들의 웃음을 자아내고 있었다.

선생님은 학생들에게 조용히 하라며 주의를 주었으나 학생들의 웃음소리는 줄어들지 않고 있었다.
화가 머리끝까지 오른 선생님이 뒤돌아보면서 소리를 질렀다.

"야! 어느 놈이야, 웃는 놈들도 나쁘지만 웃기는 놈이 더 나빠, 누구야, 당장 나와!"

※ 한바탕의 큰 소리의 웃음으로 스트레스를 공격, 파괴하고 스트레스에서 해방되면 아드레날린과 같은 공격호르몬이 감소하고 혈당은 내려간다. 혈당치가 떨어지면 당연히 당뇨병 증세가 완화 된다. 아울러 웃음운동은 스트레스를 박살내게 되므로 혈당치가 내려가게 된다.

웃음이 당뇨병환자에도 큰 효과가 있음이 일본의 무라카미 박사의 연구팀에 의하여 발표되었다. 일본의 유전자연구회에서는 당뇨병 환자에게 웃게 하는 실험을 통해 웃은 후 혈당이 크게 낮아지는 것으로 발표했다. 측정 전 코미디를 보고 실컷 웃게 한 후 점심식사를 마친 2시간 후 혈당치를 다시 측정한 결과 40%정도로 혈당치가 개선된 것으로 나타났다.

스트레스를 이겨내는 마음 웃음 법

1. "스트레스가 쌓인다" 라는 말을 절대 하지 않는다.
2. 가장 행복했던 때를 생각하고 신나게 웃어라.
3. 스트레스를 받을 때는 크게 웃음으로 받아 쳐라.
4. 스트레스를 즐긴다고 생각하며 좋게 해석하라.

9. 갑부가 가진 비밀

어떤 젊은이가 돈이 많은 갑부에게 어떻게 돈을 많이 벌 수 있게 되었는지 물었다.

"1950년이었지, 사회적으로 엄청난 경제공황이 있었고 내 손에는 겨우 돈 1만 원이 있었지."

"나는 그 돈 1만 원으로 사과 한 상자를 샀지, 하루 종일 그 사과를 닦고 팔아서 2만 원을 만들었다네. 다음날도 그 돈 2만 원으로 사과 두 상자를 사서 열심히 닦고 광을 내서 4만 원을 벌었다네."

"이렇게 사과를 사고팔고 했더니 한 달이 지나서 보니까 100만 원이라는 돈이 내 수중에 들어오게 되었다네."
"그래서요?"

그러자 노인이 대답했다.
"그때 내 장인어른이 50억을 유산으로 남기고 돌아 가셨다네."

* 웃음은 크게, 길게, 온 몸으로 웃는 것이 웃음법의 기본이다. 하! 하! 하! 하고 길게 웃으면 자연히 숨이 차게 된다. 이렇게 웃고 나서 숨을 들이키게 될 때 많은 공기와 함께 산소가 들어간다.

이때 우리 몸에는 사람에 따라 약간의 차이는 있지만 약 6.5리터 정도의 많은 산소가 들어간다. 보통 호흡 때는 약 1.6리터 정도의 산소가 들어가는데 비해 약 3~4배의 산소가 들어가면서 온 몸이 활력이 넘치고 신진대사가 원활해진다.

화 낼 때 나오는 독소

정신의학자 엘미게이씨는 감정분석실험에서 과학적으로 측정하기 어려운 놀라운 것을 발견했다.

육안으로 보면 아무것도 안 보이는 사람의 숨결을 시험관에 넣고 액체공기로 냉각 후 침전물을 살펴보면 사람의 생각에 따라 여러 가지 색으로 변한다고 한다.

화를 내고 있을 때 다갈색, 고통이나 슬플 때 회색, 후회 스러울 때 복숭아 색을 띠었다, 다갈색의 침전물을 쥐에게 먹였을 때 몇 분내에 쥐가 죽었다고 한다.

만약에 한 사람이 한 시간 정도 화를 낸 침전물은 **80명**의 인명을 죽일 수 있는 것으로 밝혀졌다.

10. 아이의 제삿날

어느 날 이슥한 밤, 젊은 아가씨가 택시를 탔다. 그 아가씨는 집으로 가는 동안 창백한 모습으로 멍하니 정신 나간 사람처럼 창틀만 바라보고 앉아 있었다. 이윽고 아가씨의 집에 도착하자, 지금 돈이 없으니 집에서 가져오겠다고 하며 집으로 들어갔다.

한 참을 기다려도 그 아가씨가 나오지 않자 대문을 두드렸다. 잠시 후 중년의 남자가 나오고 택시기사는 자초지종을 알려 주면서 택시요금을 달라고 하였다. 그러자 그는 깜짝 놀라는 표정으로 들어가면서 잠시만 기다리라고 하더니 사진 한 장을 가져다 보여 주면서 물었다.

"혹시 이 아이가 아닌가요?"

택시기사가 사진을 보고 맞다고 하자, 대성통곡을 하며 말했다.

"아이고, 애야! 오늘이 네 제삿날인줄 알고 왔구나!"

이 이야기를 들은 택시기사는 등골이 오싹하는 한기를 느끼며 요금이고 뭐고 다 집어치우고 차를 몰고 도망치듯 빠져 나왔다. 그 순간 집 안에서는 이런 소리가 들렸다.

"아빠, 나 잘했지? 택시는 갔어?"

※ 일본의 쓰쿠바대학 무라카미 박사의 실험에 의하면 심한 스트레스는 혈당치를 높여 준다는 이론이 발표되었다. 짜증스러운 일이나 신경질적인 일을 겪고 나면 심한 스트레스가 되고 이로 인하여 혈당치가 올라가게 된다. 스트레스로 가장 많이 발생하는 것이 아드레날린이다. 아드레날린은 분노와 공격의 호르몬이다.

이들 호르몬은 근육 속에서 포도당을 생산하는데 이때 적군과 싸우려면 더 많은 에너지가 필요하게 되는데, 바로 포도당(혈당치)이 에너지원이 되므로 자연히 혈당은 상승하게 된다.

11. 기발한 경고문

　중국은 워낙 자전거가 많기로 알려져 있다. 자전거 주차 할 곳이 마땅치 않은 터라 보통은 남의 장사하는 가게 옆 담벼락에 주차를 하고 출근을 하는 경우가 많다.

　그러나 가게 주인들이 볼 때, 해도 너무할 정도로 장사에 지장을 주었다. 가게 주인은 자신의 담벼락에 주차하지 말라고 경고문을 수차례 써 붙여 보기도 하고 간절히 부탁하는 글을 써 붙여도 놓았으나 소용이 없었다. 가게 주인은 어느 날 기발한 아이디어를 착안해 냈다. 그리고 그 날로 모든 자전거는 자취를 감추었다. 그 글귀는 이러했다.

　"자전거를 공짜로 드립니다. 아무나 가져가도 좋습니다."

＊ 여성들은 신체의 변화가 생길 때 마다 우울증이 생기기 쉽다. 특히 생리직전, 임신 중, 출산 후, 경도가 끊어진 갱년기, 의지했던 자녀의 결혼 후 등에서 자신도 모르게 잠깐 동안 우울증을 경험하는 경우가 흔하다. 그러나 어떤 사람은 몇 년씩이나 우울증의 늪에서 헤어나지 못하고 인생을 망치는 경우도 있다.

남성들은 우울증에 걸려도 숨겨지는 경우가 많다. 담배나 술, 일중독으로 우울증을 숨기기 때문이다. 남성들은 대개 허탈감이나 무력감보다는 화를 잘 내고, 쉽게 포기하고, 과민반응을 일으키는 것이 흔한 증상이다.

웃음은 전염된다. 웃음은 감염된다.
이 둘은 당신의 건강에 매우 좋다.
-윌리엄 프라이-

12. 화장실과 전화

어떤 사람이 화장실에서 큰일을 보고 있었다. 그런데 옆 칸에 있는 사람이 말을 걸어왔다.
"안녕하세요?"
볼일을 보고 있는데 무안하게 웬 사람이? 혹시 휴지가 없어서? 그래도….

"네에, 안녕하세요?" 인사에 대답을 했으나 별다른 반응이 없었다. 잠시 후 다시 옆 칸에서 말을 건네 왔다.
"점심식사는 하셨어요?"
이 사람이 무슨 화장실에서 밥 먹는 얘기를 하나? 그러나 예의바르게 나는 대답을 했다.

"네 저는 벌써 먹었습니다. 식사 하셨습니까?"
그러자 옆 칸에서 하는 소리를 듣고 나는 굳어버리고 말았다.

"저… 전화 끊어야 하겠습니다. 옆에 이상한 사람이 자꾸 말을 걸어오네요."

8. 직장을 비유한 유머

1. 월급이 얼마인가?

사원들의 일을 잘 부려 먹기로 소문난 사장이 작업현장에 들어섰다. 그는 게으른 사원은 모조리 해고하기로 마음을 먹고 회사를 구석구석 둘러보고 있었다. 그런데 한 청년이 일은 하지 않고 멍청히 서서 빈둥대고 있었다. 화가 치밀어 오른 사장이 시범을 보여줄 기회라고 생각하며 청년에게 말했다.

"자네! 월급이 얼마인가?"
"예, 200만 원인데요."
"여기 200만 원 있으니까 받고 어서 꺼져 버려! 그리고 다시는 나타나지 말라고, 나는 자네 같은 사람은 필요 없네!"

젊은이는 돈을 받아들고 신바람 나게 달려 나갔다. 사장은 이거 보라는 듯이 옆에 있는 직원에게 물었다.
"방금 쫓아 보낸 저 게으름뱅이 저 녀석은 어느 부서에 있는가?"

"다른 회사에서 심부름 온 사람인데요."

* 행복하고 문제가 없는 가정, 그늘이 없고 화기애애한 직장에는 늘 웃음이 그치지 않는다. 행복한 가정이나 직장에선 찌푸린 표정이나 살벌한 분위기는 상상조차 할 수 없다. 바로 웃음이 행복을 가늠하는 척도가 되기 때문이다.

웃음이 있는 가정은 문제가 없는 가정이다. 웃음이 떠난 가정, 생각만 해도 얼마나 살벌하고 불행한 분위기가 감돌게 될 것일까?

신나고 즐거운 직장 만들기

* 직장을 일터에서 삶의 보람을 느끼는 살기 편한 곳으로 바꾸자
* 상명하달의 권위 의식을 버리고 사랑으로 감싸주는 즐거운 직장으로 변화
* 웃음 경영으로 어떻게 많이 웃을까 연구하고 실천하는 직장을 만들라
* 활기 프로듀서를 만들어 웃을 일을 만들어라

2. 수금사원

어느 수금사원이 2~3일마다 찾아와도 수금을 하지 못하고 오늘도 그냥 집으로 돌아가고 있었다. 짓궂은 사람이 놀리는 말로
"당신은 참으로 좋은 사람인 것 같은데 그 집으로부터 아마 미움을 받고 있는 모양일세."

"아닙니다. 돈은 좀처럼 줄줄 모르지만 언제나 제게는 상냥하게 또 오십시오. 라고 말해 준답니다.

* 매너 있는 건전한 유머의 활용은 직장에서나 사회생활에서 경쟁력을 높이게 된다. 비즈니스에서도 유머감각이 필수인 시대가 되었다. 직장인들은 능력이 있으면서도 엄격하게 굴지 않고 유머감각을 겸비하여 유머나 위트를 잘 활용하는 상사나 동료를 선호하고 인기가 좋다.

* 무슨 일이든지 이 수금사원처럼 긍정적인 생각으로 산다면 자신뿐 아니라 그가 속한 사회나 직장이나 불평대신 긍정적인 마인드가 널리 펼쳐져 희망과 행복이 넘치는 세상을 만들게 될 것이다.

몰락하는 리더의 7가지 문제점

1. 내가 아니면 안 된다는 자만심에 도취해 있다.
2. 리더의 고집은 몰락의 지름길이다.
3. 경계심과 의심을 가지는 순간 리더십은 0점이다.
4. 무조건적 추종자가 있다면 암 말기증세다.
5. 옹호자만 보이고 조언자는 안 보인다.
6. 내 탓 네 탓 공방이 잦아지면 리더의 생명은 끝이다.
7. 참모와의 불화 설에 휘말리면 끝장나게 된다.

3. 술만 마시면

출장에서 돌아온 사장이 부하 직원에게 물었다.

사장 : "나 없는 사이에 그 녀석 또 술 먹고 주정부리지 않았어?"

부장 : "제 버릇 개 주나요, 늘 하던 대로 술 퍼마시고 욕하고 아무에게나 대들고 그랬지요."

사장 : "그 녀석은 술만 조심하면 지금쯤 과장은 되었을 텐데…."

그러자 부장이 이렇게 대답했다.

부장 : "그래도 괜찮을 거예요. 술만 마시고 나면 자기가 사장인 걸요."

※ "웃으면 복이 온다." "웃는 얼굴에 침 못 뱉는다." 라는 속담은 웃음을 띤 사람에게는 어른은 물론 직장동료 후배나 어린아이들에게 까지도 인기가 좋아져 좋은 인간관계를 형성하여 어디에서나 인기가 있다는 말이다.

직장에서 인기도 조사에서도 실력은 10~20%인 반면에 인간관계가 80~90%를 차지한다고 하였다. 실력도 중요하지만 80~90%를 차지하는 인간관계의 중요성을 실감나게 해 준다.

• 기업을 이끄는 CEO들의 웃음 무기
- 맹목적 복종강요의 카리스마, 권위주의의 카리스마가 아니라 지금은 탈 권위주의의 새로운 카리스마를 요구한다

4. 머리 좋은 여인

어느 여인과 변호사가 비행기 좌석에 나란히 앉게 되었다. 심심한 변호사가 그 여인에게 게임을 하며 시간을 보내자고 제안했으나 그 여인은 피곤하니 쉰다고 하며 게임을 거절했다. 그러나 변호사는 이 게임은 쉽고 정말 재미있다며 게임하기를 요구하였다.

   변호사 : 이 게임은 정말 쉬워요. 그냥 질문을 하면 대답을 못한편에서 500원을 주는 거예요. 재미있습니다.
   여 인 : 그러나 그녀는 다시 공손히 거절을 하고 잠을 청했다.

그때 변호사가 다시 말했다.
   변호사 : 좋아요, 그러면 이렇게 합시다. 당신이 대답을 못하면 500원을 내게 주고 내가 대답을 못하면 500만 원을 주겠소.

결국 끈질긴 이 사람에게서 벗어나기도 어렵고 500만 원이라는 말에 결국은 찬성을 했다.
   변호사 : "달에서 지구까지 거리가 얼마지요?"
그 여인은 아무 말 없이 지갑을 열고 500원을 꺼내 변호사에게 주었다. 이제 여인이 문제를 내었다.

여 인 : "언덕을 오를 때는 다리가 세 개고 언덕을 내려올 때는 다리가 네 개인게 뭐죠?"

이 질문에 대답이 막혀 노트북을 꺼내 컴퓨터안의 모든 데이터를 검색했으나 답은 없고, 동료, 친구 모두에게 전화와 이메일로 알려 했으나 결국 대답을 못 찾았다. 한 시간이 지나도 답은 나오지 않았다. 화가 치밀러 오른 변호사는 잠자는 그녀를 깨우고 500만 원을 건넸다. 그러자 그녀는 고맙다며 돈을 받고 다시 잠을 청했다. 잠시 열을 식힌 변호사는 그 여인을 깨우고 물었다.

변호사 : "도대체 답이 뭡니까?"
그러자 그 여인은 아무 말 없이 500원을 꺼내 주고는 다시 잠을 청했다.

만남의 첫 번째 언어는 미소다

- **눈 인사** – 모르는 사람에게도 미소 지으며 눈인사를 하면 무언의 대화가 되는 것이다.
  "좋은 하루 되세요"
  "만나서 반갑습니다"
- 과거엔 : 모르는 사람에게 미소 지으면,
  "저거 미친놈 아니야, 왜 처음 본 사람에게 실실 웃고 있어."
  상대가 여자이면 "사내 홀리는 천박한 계집,"
* 그러나 세계가 웃음이 대세인 시대로 변했다.

※ 유머를 잘 구사하는 직원들이 그렇지 않은 직원들보다 일을 더 잘한다고 생각하는가? 라는 질문에 40%가 그렇다고 대답했다고 한다. 유머경영이 기업생산성 향상은 물론이고 조직문화 활성화, 고객서비스 향상에서 꼭 필요하다고 생각한 것이다.

5. 호떡 값이 올랐어요.

어느 삼남매를 둔 과부가 생계를 위해 호떡장사를 시작하였다. 매서운 칼바람이 부는 어느 겨울날 한 아저씨가 호떡을 사러 왔다.
"호떡 한 개가 얼마입니까?"
"예, 1000원이에요."

이렇게 대답을 하자마자 그 신사는 주머니에서 1,000원을 꺼내 놓고 그냥 가려고 했다. 그러자 과부가 물었다.
"아저씨, 호떡을 가져가셔야지요."
"아뇨, 괜찮습니다." 하고 그냥 가 버렸다.

과부는 별 사람이 다 있구나, 하면서 그냥 지나쳐 버렸다. 그런데 신사는 그 이튿날도 그 다음날도 매일 매일 하루도 빠짐없이 1,000원을 놓고 그냥 갔다. 일 년이 다 지나고 크리스마스 캐롤이 울려 퍼지는 추운 겨울이 되었다.

그날도 신사는 어김없이 찾아와 1,000원을 놓고 갔다. 과부는 그날은 무슨 중대결심이라도 한 듯 신사를 따라가 이렇게 말했다.
"아저씨, 오늘부터 호떡 값이 1,500원으로 올랐어요."

※ 때로 우리는 이렇게 말하기도 한다.
"내가 이 모양 이 꼴로 살게 된 것은 주위환경이 나를 이 꼴로 만들었어. 뭐 하나 받쳐주는 것이 있어야지."

그러나 정답을 말하자면 아니다. 우리를 넘어지게 하고 파멸로 이끈 것은 주위환경에 대한 잘못된 생각이 우리를 망가지게 하는 것이다.

그러므로 올바르고 투철한 생각을 선택하고 그것을 내 것으로 만들고 인생을 어떤 방향에서 어떻게 보느냐에 따라 자신이 바뀌고 세상을 바꾸게 된다.

이렇게 우리의 생각을 바꾸기만 한다면 인생의 가장 두렵고 큰 시련 앞에서도 당당하게 승리하고 기쁨을 누릴 수 있는 것이다.

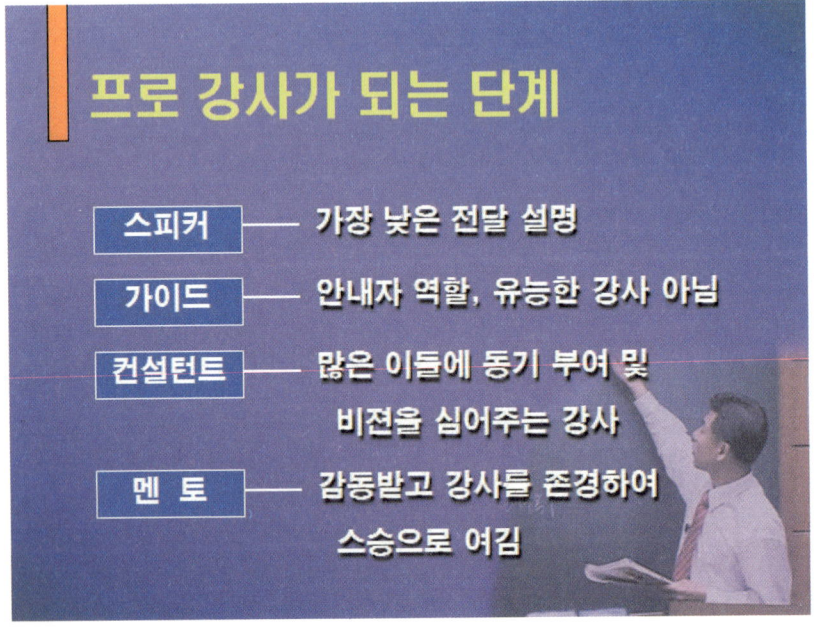

6. 사장의 유머

어느 회사의 사장이 출근 후 직원들 앞에서 어디서 들었다며 썰렁한 유머를 했다. 그 유머를 들은 전 직원이 모두 박장대소하며 웃었다. 그런데 한 직원은 전혀 웃지 않고 있었다.

사장은 이상한 생각이 들어 이 직원에게 물었다.

"자네는 우습지 않나? 왜 웃지 않지?"

"저는 이제 웃을 필요가 없게 됐어요."

"그게 무슨 말 이지? 잘 모르겠네?"

"저 내일 회사 그만두거든요."

* 미국의 사우스웨스트항공사는 유머경영으로 성공한 모범기업이다. 사우스웨스트항공은 유머를 잘 구사하는 사람들이 많다. 이 회사는 46분기 동안 흑자경영을 했고, 존경받는 기업 세계 2위, 30년 동안 노사분규가 전혀 없는 회사를 이루었는데 그 이유는 FUN경영으로 즐겁게 일 할 수 있는 직장을 만들었기 때문이라고 한다.

7. 운동화가 만원

어느 아파트 단지에 리어카에다 운동화를 가득 실은 운동화 장수가 나타나서 동네가 떠나 갈듯이 소리를 질렀다.
"운동화가 만 원이요! 품질도 좋고 메이커도 있는 운동화가 만 원 한 장이요. 기회는 이번 뿐 입니다, 골라 골라잡으세요."
이 소리를 들은 아파트 주민들은 여기저기서 나와 좋은 운동화를 찾으며 운동화를 고르고 있었다. 이때 저쪽 모퉁이에서 무슨 소리가 나기 시작하였다.
"여기를 보세요, 여기를 봐요, 운동화가 팔천 원이요, 팔천 원!"

운동화를 고르던 아파트 주민들은 모두 팔천 원짜리로 모여들었다.
"야! 이 죽일 놈아, 다른데서 하지, 왜 여기에 와서 방해를 하느냐?"고 하면서 싸움이 벌어 졌다.
그러나 운동화는 순식간에 다 팔렸다.

두 장사꾼이 저쪽 모퉁이에 가더니 돈을 나누면서
"오늘 정말로 수고가 많았네, 오늘도 재미가 짭짤하네."

※ 얼마 전 뉴스에서는 국내 대기업에서 신입사원을 모집할 때 필기 시험보다는 면접시험에 더 많은 비중을 둘 것이라고 발표했다. 이것은 성적도 중요하지만 그보다 더 중요한 것은 면접을 통해 그 사람의 인간성, 사회성에 더 비중을 둔다는 것이다.

요즘 젊은이들 사이에서도 유머가 있고, 재미있게 지내는 사람이 그렇지 않은 사람보다 남녀 사이에서 훨씬 더 인기가 있고 관계가 원활함이 나타나고 있다. 유머가 있고 낙천적으로 살고자 애쓰는 사람이 점점 더 많아지고 있고 그 사람들이 건강하고 더 자신감이 있고 더 긍정적인 삶을 살아가고 있다. 유머가 있고 긍정적인 말을 많이 하는 사람은 매사에 감사하며 살게 되고 그 결과는 성공하게 되는 것이다.

8. 죄책감

이곳저곳 온 동네를 누비며 자동차로 수박을 파는 장사가 있었다. 그날도 평소 같이 수박을 파는데 유난히 그날은 수박이 팔리지 않았다. 해는 서산에 걸렸는데 수박은 그대로 한 차 가득히 남아 있었다.

수박장수는 기분도 좋지 않고 해서 더 이상 장사를 포기하고 집으로 향하여 차를 몰았다. 홧김에 신호도 무시하고 과속하며 차를 몰았다. 그런데 뒤에서 순찰차가 사이렌 소리와 함께 쫓아오고 있었다. 최고 속도를 내면서 경찰차를 따돌리기 위하여 애쓰며 골목으로 이길 저 길로 달렸다.

그러나 포기하지 않고 쫓아오는 경찰차, 추격전을 벌인지 20여 분, 수박장수는 경찰 따돌리기를 포기하고 갓길에 차를 세웠다. 경찰관이 차에 다가오더니 하는 말

"아저씨! 수박 한 덩이 주세요."

＊ 날씨가 궂고 비바람이 칠 때 "왜 날씨가 이렇게 궂어!"라고 불평하기보다 "오랜만에 우산을 한번 쓰는 것도 괜찮은 일이지"라고 말하고,

감기에 걸려 고생을 해도 "내가 너무 무리 했어, 며칠 쉬라고 몸에 신호가 온 거야. 고맙고 감사한 일이지."라고 하며, 이렇게 매사를 긍정적으로 생각하도록 웃음이 우리를 만들어 준다.

이렇게만 된다면 인간관계는 원하는 대로 될 것이다.

9. 밟지 마시오

어느 대기업의 모 부장은 얼마 전 회식 때 술이 너무 취해 인사불성이 되었다. 아침이 되어 눈을 떠보니 골목길에 누워 있는 자신을 발견하게 되었다. 그런데 그의 배 위에는 이런 메모가 있었다.

'밟지 마시오.'

알고 보니 술에 고주망태가 된 자신을 집으로 데려다 주려고 몇 시간을 노력하다가 포기한 직원이 하는 수없이 붙여둔 것이었다. 무안하고 창피스런 일이었지만 그 직원이 고맙고 귀엽다는 생각이 들었다.

※ 낙천적으로 유머를 가지고 웃으면서 사는 것이야 말로 그 어떤 보약보다도 효과가 큰 것이다. 이제 체면과 위신의 껍데기를 벗어 던지고 맘껏 웃을 수 있는 환경을 자신들이 만들고 일부러라도 활짝 웃는 웃음버릇을 나의 것으로 만들어야 한다.

가정에서 웃음소리가 나오는 가정은 문제가 없는 집이다. 그러나 반대로 가정에서 들려오는 웃음소리가 끊어졌다면 그 가정에는 뭔가 커다란 문제가 있다. 아버지가 너무 지나친 권위주위자 이든지, 엄마가 가정에 정을 두지 못하고 방황하고 있던지, 무엇인가 있는 이런 문제가 해결되어야 웃음꽃이 피어나게 된다.

생각을 바꾸면 행복이 온다

궁정은 행복의 전도사다. －헬렌켈러－
- 어떠한 상황에서도 "할 수 없음"이 아니라 "할 수 있음"을 생각한다.
- 실업률 10%가 아니고 취업률 90%를 생각한다.
- 어려운 상황 속 에서도 목표를 이루어 낼 힘을 얻고 자신만 아니라 그가 속한 조직에도 활력이 된다.

10. 음성인식 휴대폰

서울의 한 지하철에서 있었던 일이다. 한 젊은이가 갑자기 휴대폰을 꺼내 들더니 "개 새끼!" 하는 것이었다. 그것은 음성인식 휴대폰이었다. "우리 집!" 하면 자기의 집으로 전화가 연결되는 바로 그런 거였다.

지하철 내에 있던 손님들이 의아한 표정을 지으며 모두 그 사람에게 시선이 집중 되었다. 조금 지나자 그 사람이 하는 말

"아, 부장님이십니까? 저, 김 대리 입니다."

※ 지하철 손님들이 뒤집어졌다. 오죽이나 볶아대는 상사가 미웠으면 '개 새끼'라고 입력을 해 놓았겠는가? 요즘 직장에서 받는 상사와 갈등 문제를 잘 표현한 유머라 할 수 있다.

직장에서의 인기도 조사에서도 실력은 10~20%인 반면에 인간관계가 80~90%를 차지한다고 하였다. 실력도 중요하지만 80~90%를 차지하는 인간관계의 중요성을 실감나게 해 준다.

> 유머는 직장, 거래처, 또는 사회에서 갈등관계를 구조관계로 바꾸는 역할을 한다. 구조관계란 서로 도움을 주고 받는 관계를 말한다.
>
> 판매목표 달성을 위하여서는 바이어나 세일즈맨에 대한 부정적인 의식을 바꾸어 호감을 갖도록 유도하는 것은 유머이기 때문이다.

11. 오해

초등학교에 근무하는 아리따운 미모를 갖춘 여자선생님이 주말에 여행을 위해 기차에 오르자 많은 사람의 시선이 집중되었다. 옆자리의 한 남자가 여자선생이 자리에 앉자 미소를 머금고 질문을 했다.

"실례지만 아이들이 모두 몇이나 되십니까?"
"예? 아~! 모두 45명입니다."

이 말을 들은 모든 승객들이 놀라고 있을 때 할머니 한 분이 하는 말,
"에구머니나~~! 사람이 어떻게 45명씩이나…?"
그러자 이 여자선생님 상냥한 미소를 띠우며,
"50명까지도 자신이 있는데요?"

※ 긍정적인 말로 웃음과 분위기를 쇄신한 이야기가 많이 있다. "첫 딸은 살림밑천이다."라는 말은 아들 낳기를 학수고대하던 며느리가 딸을 낳고 풀이죽어 있자 맘씨 좋은 시어머니가 며느리를 위로하기 위해 만들어낸 이야기다. 그 외에도 "장의차를 보면 재수가 좋다." "셋째 딸은 보지도 않고 데려간다."라는 말도 부정적 사고에서 긍정적 사고로 바꾸어 본 덕담 중 하나라고 볼 수 있다.

※ 가정이 행복하면 모든 일들이 저절로 잘 풀려 나간다. 아내가 하루 종일 직장에서 피곤에 찌들어 귀가한 남편에게 무심코 이렇게 말하는 경우가 많다. "아래층 영수 아빠는 오늘부로 부장으로 승진했다고 하던데, 당신은 언제나 승진한대요?" "요즈음 물가는 자꾸 오르는데 당신 회사 사장님은 언제 봉급 올려주신대요?"

아내의 입에서 이런 듣기 거북한 말이 나온다면 남편의 마음과 건강은 더욱 악화 되고 삶에 활력을 잃게 되고 말 것이다. 돈 보다도 더 중요한 긍정적인 말 한마디에는 세금도 붙지 않고 돈도 들지 않는다.

12. 진돗개 장례식

직장인들 세 명이 모여서 직장 상사에 대한 험담이 오고가고 있었다. 영구가 하는 말,
"우리 사장님은 말도 마라, 애들 학교에서 데려 오라지, 툭 하면 사모님 시장 가는데 짐 좀 실어오라지, 환장하겠다."

이 얘기를 듣고 있던 상구가 말했다.
"그 정도면 말하지 마라, 주말에 쉬고 있는데 불러내서 이삿짐 좀 나르라지, 자기 차 세차 좀 하라지, 안 해본 사람은 모른다, 정말 짜증난다니까."
세 사람은 누구의 직장 상사가 더 진상인지 목청을 높이고 있었다. 이 말을 듣고 있던 현수가 가소롭다는 표정을 지으며 말했다.
"야 너희들 사장님 진돗개 장례식 가봤냐?"
이 말을 들은 두 친구는 깜짝 놀라며 웃음을 터뜨렸다.

"말도 마라, 첫새벽에 문자가 왔는데 애지중지하든 진돗개가 죽었다며 오라고 하는 거야. 그래서 장례식장엘 가보니 우리 사장님, 상복을 입고 눈물콧물 흘리며 개 사진 앞에 앉아 있는 꼴이란 상상 좀 해봐라! 나를 보더니 개 영정에 문상을 하라지 뭔가, 할 수 없이 개 사진에 절을 했단다. 얼마나 한심하냐?"

친구들은 이 이야기를 듣고 너무나 한심하여 합창으로 웃음보를 터뜨렸다.

"말도 마라 글쎄, 부의금도 받는 것 아니야. 할 수 없이 육개장 한 그릇 먹고 5만 원을 내고 왔다. 장례식장이라고 여기저기 고스톱도 치는 것 아닌가. 고스톱 치다가 5만 원을 잃어서 그날 10만 원이나 날렸다. 그건 약과지, 글쎄 진돗개 돌잔치도 해서 금반지도 하나 해줬다. 이만하면 기막힌 사장 아닌가?"

* 우리를 넘어지게 하고 파멸로 이끈 것은 주위환경에 대한 잘못된 생각이 우리를 망가지게 하는 것이다. 그러므로 올바르고 투철한 생각을 선택하고 그것을 내 것으로 만들고 인생을 어떤 방향에서 어떻게 보느냐에 따라 자신이 바뀌고 세상을 바꾸게 된다. 이렇게 우리의 생각을 바꾸기만 한다면 인생의 가장 두렵고 큰 시련 앞에서도 당당하게 승리하고 기쁨을 누릴 수 있는 것이다.

13. 지붕 위에 올라갔음

어느 사업가가 휴양지로 휴가를 떠났다. 한참 휴가를 즐길 무렵 집을 돌보는 집사에게서 전화가 왔다.

"사장님, 면목은 없습니다만 사장님이 애지중지하시던 고양이가 지붕 위로 올라갔다가 떨어져 죽고 말았습니다."

이 소식을 들은 사장은 슬픈 마음을 가다듬고 이렇게 말했다.

"이 사람아, 집사교육 때 뭘 배웠는가? 그런 슬픈 소식을 이렇게 갑자기 불쑥 전하면 어떻게 하나? 나쁜 소식은 차근차근 알려줘야 충격을 덜 받는 걸세. 다음부터는 '고양이가 지붕 위에 올라갔음.' 이렇게 전보를 치고 몇 시간 후 '고양이가 지붕에서 떨어졌음.' 그 다음에는 '고양이가 매우 위독함.' 이 소식을 듣고 내가 마음의 준비가 되었을 때, '고양이 사망.' 이렇게 전보를 치면 된다네, 다음부터 나쁜 소식을 전할 때는 이런 식으로 하게."

집사는 잘못을 거듭 사과하고, 사업가는 이 소식을 잊고 휴가를 기분 좋게 즐기려 애쓰고 있었다. 며칠이 지난 후 마음이 좀 안정을 찾으려 할 때 한통의 전보가 왔다.

"사장님, 어머님께서 지붕 위에 올라가셨음."

＊ 긍정적인 말 한마디에 남편의 심신의 건강도 좋아지고 직장에서 받은 스트레스도 풀리고 아내와 사랑도 깊어지고 가정이 천국을 이룬다면, 이보다 더 좋은 기회가 어디에 있을까?

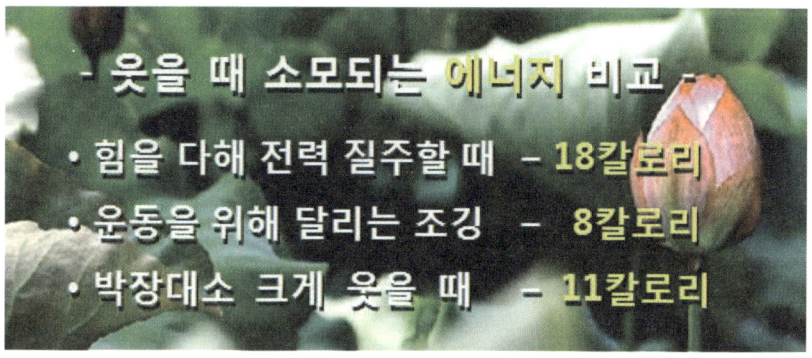

　고기 없는 고기국을 받은 남편 쪽을 한번 생각해 보자. 부정적이고 유머가 없는 남편이라면,
　"아니 무슨 놈의 고깃국이 고기 한 점도 보이지 않아? 차라리 시래기 국을 먹는 편이 낫지." 라고 퉁명스러운 말을 할 것이고, 반면에 유머가 있고 긍정적인 남편이라면, "여보 물안경 좀 찾아 주구려, 잠수를 해서라도 고기 좀 찾아오게." 라고 말 할 것이다. 남편은 아내의 자존심도 건드리지 않고 유머로서 자신의 의사를 전달하게 된 좋은 경우라 하겠다.

　＊ 승진에서 늘 누락하던 남편이 모처럼 승진했다고 아내에게 전화를 하였다.

"여보! 여보! 지금 발표 났어. 나 오늘부로 과장으로 승진 했어."

"아니 그게 무슨 자랑. 옆집 영이 아빠는 작년에 부장으로 승진 되었는데…."

남편의 기를 확 꺾어 놓고서 무슨 일이 잘 되길 바라겠는가?

"여보 축하해요. 남보다 좀 늦었지만 얼마나 잘 됐어요. 일찍 들어와서 우리 아이들하고 축하파티 한번해요?"

긍정적이고 칭찬하는 습관을 내 것으로 만들자. 그렇게 되는 순간 우리의 몸은 면역기능이 살아나며 엔도르핀이 다량 분비되어 육체적 건강은 물론 정신적인 건강도 최적의 상태가 되며 아울러 가정이 행복해지고 웃음꽃이 만발하게 될 것이다.

1,2,3 대화의 법칙

- **눈   빛**—상대방을 바라보며 자애로운 눈빛으로
- **표   정**—온화하고 미소 짓는 표정으로 경청,
- **제스처**—상대방에 알맞은 제스처 (손 짓, 몸 짓) 로 호감을 사라.
  - * 악수 - 너무 세거나 약하지 않게,
  - * 포옹 - 상대를 잘 선별하여,
  - * 터치 - 잘 표현된 터치는 상대방의 신뢰를 얻는다.

9. 크리스챤 유머

1. 현모양처

어떤 세 사람이 천국 문을 들어가게 되었다. 그때 문지기가 하는 말이 각자 무슨 소원이든 한 가지만 말하면 들어 줄 테니 말해 보라고 했다.

첫 번째 사람은 너무 가난하게 살다보니 돈에 한이 맺힌 사람이라 부자가 되게 해 달라고 부탁을 했다. 문지기는 그가 원하는 대로 부자가 되게 해 주었다.

두 번째 사람은 권력에 한이 맺힌 사람이라 권력을 달라고 부탁했다. 그에게도 원하는 것을 주었다.

세 번째 사람은 여자를 구한다고 했다. 여자도 여자 나름이지 어떤 여자를 구하는지 말해 달라고 했다. 이 남자는 성경을 많이 읽어 잠언말씀을 꿰고 있었다.

"남편에게 선을 행하는 착한 여자, 날이 새기 전에 일어나 음식을 준비하고 밤이 늦도록 일하여 가정경제를 일으키는 부지런한 여자, 어려운 사람을 잘 도와주는 마음이 따뜻한 여자, 입을 열면 지혜의 말이 터져 나오는 여자, 내조를 잘 하여 남편을 성공 시키는 능력 있는 여자, 이런 여자를 구합니다."

그러자 천국 문지기가 대답했다.

"예끼 이 사람아, 그런 여자가 있으면 자넬 주겠는가? 내가 데리고 살지."

※ 미국의 스탠포드대학교의 윌리암 프라이 교수는
"웃음은 전염된다. 웃음은 감염된다. 그리고 이 둘은 당신의 건강에 매우 좋다." 라고 웃음을 극찬하였다.

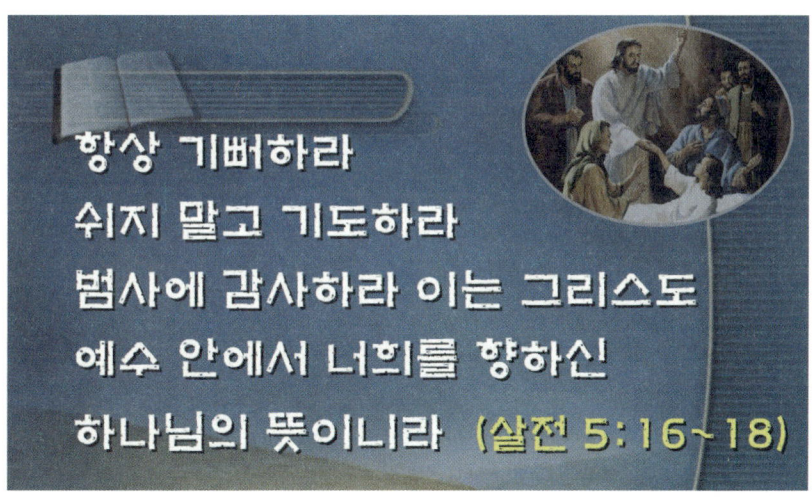

2. 아는 척 이라도

　매우 추운 겨울 어느 교회에 총각 신임목사가 부임하였다. 어느 할머니 신도가 총각 목사가 저녁이나 잘 챙겨서 먹는지 궁금하여 목사관을 찾아왔다. 총각 목사와 할머니는 같이 저녁을 차려 먹고 성경을 읽기 시작했다. 그런데 가만히 보니 할머니는 성경 내용을 읽는 것이 아니라 성경에 나온 사람들의 이름만 소리 내어 읽고 있었다. 이상하게 생각한 총각 목사가 할머니에게 물었다.

　"할머니, 왜 사람이름만 읽고 계시지요?"
　"목사님도 참! 이제 머지 않아 하늘나라 갈 텐데 성경은 다 읽어서 뭐해요? 이 사람들 다 천국에 있을 텐데, 이름은 외워 가야 가서 만나면 아는 척이라도 하죠?"

※ 기뻐하고 웃는 것은 하나님의 명령이다. "항상 기뻐하라 쉬지 말고 기도하라 범사에 감사하라 이는 그리스도 예수 안에서 너희를 향하신 하나님의 뜻 이니라"(살전5:16~18)

아리스토텔레스는 "인간은 웃는 동물이다."라고 웃음의 중요성을 강조했고, 세익스피어는 "당신의 마음을 웃음과 기쁨으로 감싸라 그러면 일천 가지의 해로움으로부터 막아주고 생명을 연장시켜 줄 것이다."라고 말했다.

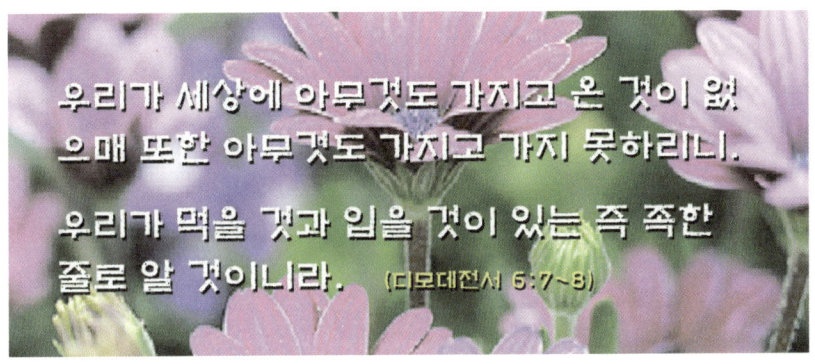

3. 노처녀의 기도 요청

어느 교회에 노처녀가 있었다. 그는 그가 다니는 교회에 찾아와서 목사님에게 기도를 요청하였다.

"목사님, 저에게 사랑하는 사람이 생겼습니다. 저를 위해 기도를 좀 해 주십시오."

"아니, 사랑하는 사람이 생겼으면 잘 된 일이고 결혼까지 하게 된다면 더 좋은 일이지요. 그런데 무슨 일로 기도를 해 달라고 합니까?"

"목사님, 그런데 한 가지 문제가 있습니다. 그 사람이 유부남이거든요."

"아니, 기도해 달랄 게 따로 있지. 세상에 유부남을 사귀면서 기도를 해 달라면 내가 어떻게 기도를 해야 합니까?"

그랬더니 자기도 그 가정이 깨지는 것을 원하지 않는다고 하면서….

"저는 그 사람을 사랑하고 있고 그 사람과 절대로 헤어질 수 없으며 그 사람도 저를 끔찍이 사랑하고 있습니다."

"그 가정이 깨어지는 것은 원하지 않으면서 그 남자도 포기할 수 없다니 그게 말이나 됩니까?"라고 말하며 목사님은 혀를 찼다.

그때 노처녀가 하는 말이
"목사님! 그러니까 기도를 해 달라고 부탁을 하러왔지요."

목사님은 무슨 기도를 어떻게 하면 좋을까 물었다.
"제가 요즘 이런 기도를 하고 있는데 괜찮을까요?"
"무슨 기도를 하고 있는데요?"

노처녀가 대답을 했다.
"그 분의 아내에게도 사랑하는 남자가 생기게 해 달라고요."

※ 웃는 얼굴은 세계 공통여권이라고 해도 된다. 우리의 무표정한 모습은 우리 주위에서는 이미 익숙해 있지만 해외에서 바라보는 눈은 그리 곱지만은 않다. 왜냐하면 무표정은 상대에 대한 반감이나 거절의 표현으로 인식되기 때문이다.

4. 가장 명예로운 손님

하루는 영국의 빅토리아 여왕이 민심을 헤아리기 위하여 신실하기로 소문난 한 과부의 집을 찾았다. 과부의 신실한 믿음을 소문을 통해 잘 아는 여왕이 질문을 했다
"당신의 집을 방문했던 이들 중에 가장 명예로운 손님은 누구였습니까?" 라고 질문을 던졌다.

그 과부는 망설임 없이 "예, 바로 여왕이십니다." 라고 대답했다. 예수님이라는 대답을 기대했던 여왕은 조금은 실망스러운 어조로
"혹시 당신 집을 방문했던 가장 명예로운 손님은 예수님 아닐까요?" 라며 되물었다.

그러자 과부는 이렇게 대답했다.
"아닙니다. 예수님은 결코 손님이 아닙니다. 그 분은 항상 저와 함께 계셔서 저와 같이 사는 이 집의 주인이십니다."

※ 이 이야기를 통하여 과연 우리 집의 주인이 혹시 다른 사람이 아니었는가? 하고 되 새겨볼 수 있는 기회가 되길 바라고 항상 주님을 모시고 사는 행복하고 믿음이 충만한 가정을 만들기 바란다.

5. 잃어버린 염소

어느 교회에 부흥회가 열렸다. 강사 목사님은 하얀 턱 수염을 길게 기른 연로한 목사님이었다. 부흥설교를 통해 많은 회중들이 은혜를 받는 것 같이 보였다. 그런데 회중 가운데 특별히 은혜를 많이 받고 흐느껴 우는 성도가 목사님의 눈에 띄었다. 부흥 목사는 흡족한 마음으로 부흥회를 마치고 단에서 내려왔다. 특별히 울고 있는 성도에게 마음이 끌려 그에게 다가갔다.

"성도님! 많은 은혜를 받으셨지요? 감사합니다."

그 성도가 손을 저으며 하는 말
"아닙니다, 목사님 턱에 난 수염을 보는 순간 어제 잃어버린 우리 집 염소가 너무나 생각이 나서…."

※ 스트레스(Stressed)라는 철자를 거꾸로 뒤집어 보면 디저트(Desserts)가 된다. 참으로 묘한 일이다. 어떤 사람에게는 똑같은 일이 스트레스가 될 수도 있고 다른 사람에게는 디저트가 되어 나에게 다가올 수도 있다.

'스트레스' 하면 공연히 짜증스럽고 속상한 일이지만 디저트 하면 얼마나 기분 좋은 생각이 드는가?

대뇌중추가 웃음감정에 반해 눈이 웃는다.
* 대뇌중추부는 대뇌 변연계에서 생성된 감정이 전달된다.
그 감정이 분노였다면 대뇌중추부는 공격 호르몬을 내 보내므로 무서운 형상의 얼굴로 변한다.
연애 같은 좋은 감정이라면 이 센터에서는 매력적인 표정이 되는 안륜근이 움직여 눈이 웃게 된다.

6. 우체국과 10만 원

어느 우체국에서 황당한 수신자 주소를 보고 고민에 빠졌다. 수신자는 바로 '하늘에 계신 하나님께'로 되어 있었기 때문이다. 우체국 직원들이 그 편지를 뜯어 읽어 보았다. 그 내용은 다음과 같았다.

"하나님! 제가 하나님을 믿고 하나님 뜻대로 살기 위해 노력하였고 지금까지 하나님께 무엇을 달라고 기도 한 적이 없었습니다. 그러나 이번은 사정이 너무나 절박하여 이렇게 하나님께 직접 편지를 쓰게 되었습니다. 이달 말 이전에 제가 꼭 10만 원이 필요합니다. 믿고 기도하면 이루어 주신다고 하신 말씀을 의지하고 편지를 드리오니 꼭 보내주시기 바랍니다. 감사합니다."

우체국 직원들은 이 절박한 편지를 읽고 회의를 한 결과 직원들이 만 원씩 모금을 하여 전하기로 결정하고 모금을 했다. 그런데 직원이 모두 아홉 명이라 9만 원을 모았다. 만 원은 본인이 해결 하겠지 하고 9만원을 송금했다. 며칠이 지나자 답장이 왔다. 그 내용은 다음과 같았다.

"하나님 고맙습니다. 보내주신 돈 덕분에 모든 문제가 잘 해결되어 감사합니다. 그런데 하나님은 분명히 10만 원을 보내 주셨을 텐데 우체국 놈들이 만 원은 떼어먹고 9만 원만 보내 왔습니다. 그래도 하나님 감사합니다."

＊ 이 유머를 통하여 우리 주위에 있는 별거 아닌 순간의 오해가 큰 화근과 많은 문제를 일으킬 수 있다는 교훈을 남기고 있다.

돈이 행복의 조건이 되지 못하고 그들의 알량한 명예가 결코 행복이 될 수 없는 것이다. 체면과 의식의 굴레에서 벗어나 참된 마음으로 하나님을 모신, 가족이 하나가 되고 서로가 아껴주며 웃음꽃이 피어나는 가정이 참으로 행복한 가정임을 모두가 깨달아야 한다.

7. 그게 너였냐?

1980년대의 일이다. 어떤 50대 부인이 암에 걸렸다. 청천벽력 같은 일이었다. 이때는 암에 걸리면 생존 가능성이 희박했다. 그는 독실한 크리스천이었다. 하나님께 간절히 울고불고 하면서 기도하였다.

"하나님! 저는 하나님께 충성하여 전도도 많이 하였고, 십일조 한 푼 떼어먹지 않고 잘 드리며 독실한 신도로 살려고 노력했습니다. 저는 아직 나이 어린 자식이 셋이나 있고 지금 죽는다면 너무도 한이 많습니다. 그러니까 제 자식들 결혼하도록까지 더도 말고 15년만 더 살게 도와주십시오."

하나님은 그의 간절한 기도에 감동하여 그의 생명을 15년만 연장시켜 주신다는 약속을 하셨다. 그 여인은 너무도 기쁜 나머지 돈을 준비하여 성형외과에 갔다. 눈도 키우고, 쌍꺼풀도 하고, 콧대도 높이고 돈을 많이 들여 성형수술을 하니 몰라보게 모습이 달라졌다.

며칠이 지난 후 퇴원을 하여 신바람 나게 도로를 건너다가 달려오는 큰 트럭에 치여 그 자리에서 즉사하게 되어 하나님께 가게 되었다. 그 여인은 너무도 화가 났다. 15년을 더 살도록 하신 하나님께 따졌다.

"하나님! 하나님이 약속하시고 약속을 지키지 않는 법이 어디 있습니까?"

하나님께서 민망하신 표정으로 그 여인을 바라보시면서 말씀 하셨다.

"아이쿠! 그게 너였냐? 내가 몰라보았구나."

※ 요즘 성형수술이 대세를 이루고 있는 것이 사회의 현상중 하나다. 성형수술을 할 수도 있지만 하나님이 알아볼 수 있을 정도로 하면 어떨까? 하며 한 번 웃어볼 수 있다.

8. 로또 당첨

　명구는 지금 아주 어려운 일에 시달리고 있었다. 사업은 점점 오므라들기 시작하고 심각한 재정난은 부도 직전에 다다르게 되었다. 독실한 크리스천인 명구는 절박한 심정을 하나님께 금식하며 기도하기로 작정하고 기도하기 시작했다.
　"하나님, 지금 저는 절박한 심정으로 기도를 드리오니 도와주시기 바랍니다. 사업도 어렵게 되고 지금 돈을 구하지 못하면 집마저도 날아가게 되었으니 제발 로또에 당첨되도록 도와주십시오."
　그러나 로또 추첨일이 되어 다른 사람이 당첨이 되자 명구는 다시 기도하기 시작하였다.

　"하나님, 제가 자주 무엇을 달라고 청한 것도 아닌데 제발 복권에 당첨이 되어 이 어려운 난관을 잘 넘기도록 도와주십시오."
　기도가 끝나자 갑자기 하늘에서 번개가 번쩍이며 하나님의 음성이 명구에게 직접 들려왔다.

　"명구야, 제발 로또복권을 사고서 기도를 하거라."

* 자부심을 일깨우는 웃음운동, 이때 사용하는 단어, 자기 칭찬 웃음 법을 소개하면,

"나는 내가 좋다."
"나는 정말 내가 좋다."
"나는 아무 조건 없이 내가 좋다."

주먹을 불끈 쥐고 이렇게 구호를 불러보아도 좋다. 사람이 많은 곳이나 큰소리를 내기 어려운 장소에서는 입 속으로 조그마하게 계속하여 중얼 거린다. 이렇게 반복하여 우리의 뇌에 자부심이 입력되도록 계속하면서 웃음을 반복하면 더 좋은 효과를 볼 수 있다.

> 긍정적이고 칭찬하는 습관을 내 것으로 만들자. 그렇게 되는 순간 우리의 몸은 면역기능이 살아나며 엔도르핀이 다량 분비되어 육체적 건강은 물론 정신적인 건강도 최적의 상태가 되며 아울러 가정이 행복해지고 웃음꽃이 만발하게 될 것이다.

9. 웃음

　일반 신문이나 출판물의 사진들을 보면 대개가 웃는 표정의 사진이 많다. 요즘 이력서나 기타 제출하는 사진마다 웃는 사진이 인기를 모으고 있다. 웃음 강좌는 물론이고 자신의 이미지를 바꾸기 위하여 이미지 메이킹들을 하며 웃는 얼굴 만들기 프로그램이 생기고 있다.

　그러나 교계의 신문이나 서적들을 보면 목사님들이나 장로님들의 사진에서 웃는 모습을 찾아보기 힘들다. 어떤 사람들은 이 현실을 보고, 예수 믿으면 행복한 줄 알았는데 목사님, 장로님, 사진들을 보면 웃는 사람이 별로 없는 것을 보면 모두 슬픈 사람으로 보인다고 한다.

　"세상 사람들은 다 행복해 보이는데 왜 목사님이나 장로님들은 별로 행복해 보이지 않는 이유는 무엇 때문인가요?"
　"예, 그것은 성경 말씀에 예수님께서 웃으셨다는 말씀을 한 곳이 없지 않습니까? 말씀에 충실한 제자가 되려면 웃지 말아야죠."

※ 그러나 성경의 기록은 "주 안에서 항상 기뻐하라. 내가 다시 말 하노니 기뻐하라." (빌4:4)

"항상 기뻐하라. 쉬지 말고 기도하라. 범사에 감사하라." (살전5:16-17)

웃음에 대한 기록이 많이 있다. 우리는 구원 받은 백성으로서 늘 기쁨의 생애를 살아야 한다.

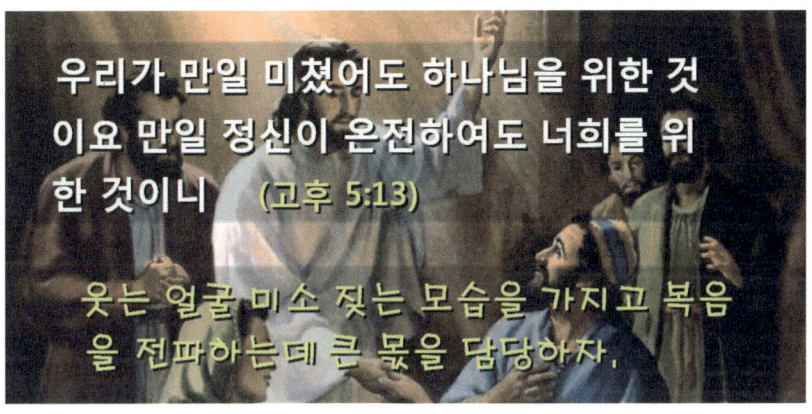

10. 연보

　같은 날 조폐공사에서 태어난 오만 원권 지폐와 만 원권 지폐, 그리고 천 원권 지폐가 몇 해만에 만났다. 천 원짜리 지폐가 오만 원권 지폐에게 물었다.
　"형은 어디를 헤매고 다녔기에 도무지 만날 수 없었수?"
　"야, 말도 마라, 골프장, 호텔, 요리집, 술집, 그런대로 정신없이 다니느라 바빠서 죽을 지경이었지, 그런데 너 만 원권 너는 어디에 있었냐?"
　"말 마슈, 나도 음식점, 이발소, 시장, 동네 슈퍼, 구석구석 다니며 세상구경 참 많이 했지요. 나처럼 세상 이곳저곳 제대로 구경한 돈은 아마도 없을걸요. 그런데 야! 너 천 원권! 너는 어디에 있느라 코빼기도 안보였냐?"
　"말씀도 마슈, 나는 교회, 성당, 이런 곳의 그 시커먼 연보궤에 갇혀서 왔다 갔다 하느라 세상구경 한 번 제대로 못했다오. 그래서 나는 교회 사정은 조금 알지만 세상물정은 전혀 모르고 살았다오."

　오만 원권과 만 원권이 참으로 안 됐다는 표정을 지으며 하는 말
　"쯧쯧, 너무도 가련한 것 같으니… 그래도 너는 거룩해 지긴 했겠구나."

* 노력도 수고도 없이 그냥 가만히 앉아서 새 사람이 되기를 기대하면 안 된다. 부정적이고 불평불만이 가득한 마음가짐으로 더 좋고 더 나은 쪽으로 발전하기를 기다리면 안 된다. 웃는다고 더 좋은 방향으로 상황이 바꾸어지겠는가? 아니다. 그러나 웃으면 나 자신이 바뀌게 된다.

웃으면 복이 온다

오복

1. 수(壽) 수명이 길어 천수를 다 하는 것.
2. 부(富) 구차하지 않고 넉넉하게 사는 생활.
3. 강령(康寧) 정신과 육신이 모두 건강함.
4. 유호덕(攸好德) 덕을 쌓으며 사는 것.
5. 고종명(考終命) 편안하게 죽음을 맞는 것.

11. 아멘의 능력

군대에서 있었던 일이다. 한 신병이 3시에 보초근무 명령을 받아 보초를 서고 있었다. 한 동안 보초근무를 성실히 하다가 한 시간 쯤 지나자 피곤이 몰려와 급기야 잠이 들고 말았다.

세상에서 가장 무거운 눈꺼풀은 아무리 애를 써도 처들 수가 없었고 깊은 잠은 도저히 그를 깨우기가 어려웠다. 그래도 억지로 잠시 눈을 떠보니 그때 하필이면 주번사령이 앞에 떡 버티고 서서 이 사실을 목격하고 말았다.
두 번 말 할 것도 없이 영창감이 틀림없다, 영리한 이 병사는 다시 한 번 고개를 푹 숙였다가 하늘을 쳐다보며 큰 소리로 외쳤다.

"아~멘" 하여 그 위기를 모면하였다.

※ 우리는 좋은 일이나 나쁜 일이나 죽겠다는 말을 너무 많이 한다.

배가 고프면 "배고파서 죽겠네."
잔뜩 먹고서 배부르면 "아 배불러서 죽겠네."
추울 때면 "아 추워서 죽겠네."
더우면 "더워서 죽겠네."
"기분 나빠 죽겠네."
"기분 좋아 죽겠네."

죽겠네! 죽겠네! 하니까 결국은 다 죽고 마는 것이다.
말이 씨가 된다고 하지 않는가?

아니다. 반대로 "살겠네." "살겠네."를 외치자!
배가 부르면 "살겠네."를 해야지 왜 죽겠다고 하는가?
얼마나 잘못된 표현인가? 고쳐야 한다.

12. 건강식생활

어느 90세 된 노부부가 죽어서 하늘나라에 가게 되었다. 그들 부부는 죽기 전 10여 년을 할머니의 권유로 건강식을 하며 살았다. 그들이 천국에 도착하자마자 베드로가 그들을 맞이하며 멋진 주방과 거품 목욕탕이 있는 집으로 그들을 안내했다.

천국은 정말 좋았다. 세상에서는 보도 듣도 못한 멋진 골프장에서 마음 놓고 골프를 즐겼다. 할아버지가 베드로에게 물었다.
"그린피가 얼마나 됩니까?" 베드로의 대답,
"여기는 천국입니다. 공짜로 얼마든지 칠 수가 있소."

거품 목욕탕에서 목욕을 즐겼고, 다음날에는 노부부를 멋진 뷔페로 데리고 갔다. 세상에서 볼 수 없었던 산해진미의 음식이 가득한 뷔페에서 만찬을 즐기며 배부르게 먹었다. 그런데 그것도 무료였다.
"그럼 저지방 저칼로리 음식은 어디에서 먹을 수 있나요?"
이 소리에 베드로는 한심하다는 표정을 지으며 설명을 하였다.
"당신이 먹고 싶은 것 아무거나 다 드세요. 그렇게 먹어도 살이 찌거나 체하거나 아픈 일은 절대로 없으니까요."

이때 할머니가 하는 말이 여보, 너무나 좋네요. 하나님 잘 믿어 천국에 오길 정말 잘했지요? 이 소리를 들은 할아버지가 모자를 벗어던지고 화를 내고 발을 동동 구르며 소리를 질러댔다. 베드로와 할머니가 간신히 진정시키고 왜 그러느냐고 자초지종을 물었다. 분을 못 이겨 씩씩대며 자리에 앉은 노인이 입을 열고 말했다.

"아니, 이 할망구야, 당신 때문에 그놈의 깔깔한 현미밥, 맛없는 통밀가루, 풀냄새만 가득한 무공해 채소, 그런 것만 안 먹었으면 진즉 10년 전에 이 좋은 곳에 올 수도 있었건만 당신 때문에 이제야 왔지 않소?"

생각은 습관을 만들고
습관은 행동을 만들며
행동은 성품을 만들고
성품은 인생을 바꾼다.

※ 우리의 뇌는 좋은 일도 나쁜 일도 잘 입력이 된다. 어떻게 해야 할까? 그렇다. 이왕이면 우리의 뇌에 좋은 것들을 입력시키도록 하자. 잘못된 말 한마디가 우리의 몸과 마음을 상하게 한다.

* 웃음 Time - 하루 세 번 시간을 정해놓고 가족들과 하하하
* 웃음 Line - 집안 바닥에 선을 그어놓고 선을 넘거나 밟을 때 누구든 억지로라도 크게 하하하
* 웃음 Zone - 웃음 지역을 정해놓고 그곳에 가든 통과하든 크게 하하하

세상에는 내가 원하든 원치 안든 좋은 일도 생길 수 있고, 또한 나쁜 일도 생길 수 있게 마련이다. 그러나 좋은 일을 선택하느냐 나쁜 일을 선택하느냐 하는 것은 전적으로 본인의 생각에 달려있다는 사실을 잊지 말아야 한다.

그렇다면 무엇 하러 상황과 감정을 나쁜 생각으로 몰아 갈 필요가 있겠는가. 아니다. 우리의 생각과 감정을 좋은 방향으로 이끌어 가도록 스스로가 만들도록 노력해야 한자.

13. 어느 불평불만 자

어느 불평불만이 가득한 사람이 호두나무 그늘에 드러누워 호두나무를 바라보고 불만을 토해냈다.

"세상에는 잘못된 것들이 너무나 많아! 저 큰 호두나무에 조그만 호두가 달려있는 꼴을 보게, 큰 나무답게 호박만한 호두가 달려 있다면 얼마나 좋겠어. 그리고 저 작은 호박 덩굴에 왜 그리 큰 호박이 달려있나? 내가 하나님이라면 절대로 저렇게는 안 만들었을 거야."

그리고 또 불평을 늘어놓았다.
"사람들은 지혜가 뛰어나신 하나님이시라고 말 하고 있지만, 내가 창조했다면 호박덩굴엔 호두가 달리게 하고 호두나무에는 큰 호박이 달리게 만들었을 거야."

바로 그때 호두열매가 하나 떨어지면서 그 사람의 이마를 때렸다.
"맙소사! 하나님! 호두를 작게 만들어 주셔서 감사합니다." 라고 말했다.

＊ 이 세상에 완벽하고 흠 없는 사람은 아무도 없다. 누구에게나 흠이 있고 약점은 있다. 진정한 자유를 얻으려면 많은 약점에도 불구하고 자신을 존중할 줄 알아야 한다.

"나는 너무 무능해, 나는 할 수 있는 것이 별로 없어, 나는 정말로 한심해."라고 자신에게 너무 심하게 굴지 말자.

자신의 인생이 마음에 들지 않을 수도 있고 고쳐야 할 나쁜 습관도 누구에게나 있는 것이다. 현재 자신의 처지에 불평불만 보다는 감사할 조건들을 찾아 감사하며 살아갈 때 우리의 심신은 최적의 상태로 건강과 행복을 누리게 될 것이다.

＊ 우리의 생애에서 감사하지 않을 수 없는 일은 없다. 의족 때문에 얼마나 불편하고 낙심 했을까? 그러나 의족을 끼우고 살게 된 것을 얼마나 감사해야 했겠는가? 감사합시다. 이래도 감사, 저래도 감사, 감사는 모르는 길도 지름길로 인도하고 불평불만은 아는 길도 돌아가게 만드는 것이다.

14. 세례의 효과

감리교 신도와 침례교 신도가 세례냐 침례냐를 놓고 다투고 있었다. 감리교 신자가 물었다.
"당신네 교파에서는 침례를 받고 있는데 만약 내가 사람을 물속으로 안내해서 그 사람의 발목이 물에 잠기면 침례를 받았다고 할 수 있나요?"

침례교 신도가 대답하였다.
"아니죠, 발목만 잠기면 침례라고 할 수 없지요."
"그러면 목까지 물에 잠기게 들어간다면 침례를 받았다고 할 수 있나요?"
"아니죠."

감리교 신도가 다시 물었다.
"머리까지 물에 잠겨야 침례를 받았다고 할 수 있는 거지요?"
"그렇죠. 머리까지 물에 잠겨야 침례를 받았다고 할 수 있지요."
"그래서 우리 교회에서는 머리에 물을 뿌린다는 것을 알고 계십니까?"

＊ 우리는 아직 미완성으로 하나님이 우리를 완성품으로 만들어 나가시는 과정 속에 살고 있는 것이다. 때로는 구겨지고 땅에 떨어져서 짓밟히고 보잘것없이 살아도 나의 인생은 여전히 소중하고 귀한 것임을 알아야 한다.

우리 자신이 보잘것없어 보여도 장점과 쓸모를 찾아보자. 수없는 장점들이 나올 것이고 그 장점들을 내 것으로 만들고 갈고 다듬어 나만의 독특한 인생의 지표를 삼아보자.

15. 식인종과 못 먹는 사람

재치가 뛰어난 한 선교사가 있었다. 그는 위험을 무릅쓰고 식인종들이 사는 마을에 선교를 하러 갔다가 식인종들의 손에 잡히고 말았다. 그는 자기를 잡아온 식인종들에게 다음과 같이 말했다.

"그대들이 나를 잡아오긴 했으나 아마도 내 고기는 맛이 없어서 못 잡수실 텐데요?"

그래도 그 식인종들이 떡 버티고 있었다. 그 선교사는 호주머니에서 칼을 꺼내 자기의 장딴지 살을 한 조각 잘라서 추장에게 먹어보라고 했다.

추장은 장딴지 살을 받아서 한 입 물어뜯더니 오만상을 찌푸리며 퉤, 퉤, 하고 내 뱉아 버렸다.

그 후부터 이 사람고기는 먹을 수 없는 고기라고 소문이 나서 50년 동안을 그 섬에 머물며 식인종들에게 복음을 전하는데 크게 기여하였다.

그의 다리는 교통사고를 당하여 절단하게 되었고 의족을 끼우고 생활하게 되었다. 그때 떼어낸 살점 한 조각은 코르크로 만든 의족이었다.

16. 농담

어느 꽝 집사가 다 무너져 가는 위험한 다리를 건너게 되었다. 아무래도 너무 위험해 보이지만 달리 방법이 없었다. 그는 엉터리 집사였지만 하나님께 간절히 기도하게 되었다.

"하나님, 이 다리가 너무 위험해 보입니다. 도무지 겁이 나서 건널 수가 없지만 하나님이 안전하게 건널 수 있도록 도와주신다면 다음 주에는 100만 원을 꼭 헌금하도록 하겠습니다. 도와주시기 바랍니다."

기도를 마치고 다리를 건너기 시작했으나 절반을 가도 다리는 끄떡없었다. 그는 다시 기도하기 시작했다.

"하나님 100만 원은 좀 너무 비싸지 않습니까? 50만 원만 드리도록 하겠습니다."

기도를 마치고 다시 건너기 시작하였으나, 다리는 끄떡없이 거의 다 건너게 되자 다시 기도를 하였다.

"하나님! 50만 원도 너무 비쌉니다. 30만 원으로 하던지 웬만하면 그냥 가면 어떨는지요?"

기도를 마치자마자 다리가 심하게 흔들렸다.

깜짝 놀란 꽝 집사의 기도….

"아이구, 하나님! 그냥 농담으로 해본 말입니다. 알았습니다, 알았어요."

※ 우리의 마음은 생각하기에 달려 있다. 좋은 생각을 뇌에 입력시키는 순간, 순식간에 기분이 좋아지고 좋은 감정에 몰입하게 되며 웃음을 자아내게 된다. 웃음은 우리의 생각을 긍정적이고 진취적인 방향으로 이끌어 상황을 반전시킨다. 우리의 생각을 좀 더 좋은 방향으로 이끌어 현재의 상황을 더욱 멋지게 발전시켜 나가도록 하자.

긍정적인 말 한마디가 듣는 사람으로 기분 좋은 마음으로 웃게 만든다. 긍정적인 단어로 말하는 습관을 기르자.
"고기는 바늘로 낚고 사람은 말로 낚는다." 라는 러시아의 속담이 말 한마디의 중요성을 깨닫게 해 주는 말이다.

17. 천 년이 하루 같고

어느 85세 된 부자가 하나님께 간절히 기도를 드렸다.
"저는 재물도 많이 모았고 사회적으로도 성공을 했습니다. 그러나 제 나이가 80이 훌쩍 넘다보니 살 날이 얼마 남지 않았음을 알게 되었습니다. 그래서 저의 재물을 절반을 뚝 잘라서 주님께 바치고자 하오니 목숨을 조금만 더 살도록 연장시켜 주십시오."

그 기도를 들으신 하나님이 기도를 응답하셨다.
"그래, 네가 전 재산을 내게 준다고 하였으면 2천 년을 더 살게 하려고 했는데 반만 준다고 하니 천 년을 더 살도록 해 주겠다."

부자는 너무 좋아서 동네방네 소문을 내고 큰 잔치를 벌이고 자랑을 했다. 그러나 그 다음날 이 부자는 어제 먹은 음식이 잘못되어 갑자기 죽었다. 그는 하나님께 따졌다.
"하나님, 하나님은 왜 제게 천 년을 더 살도록 해 준다고 약속 하셨는데 금방 데려오셨습니까?
"너는 하루가 천 년 같고 천 년이 하루 같다는 성경도 모르느냐?"

※ 우리 모두는 행복해 지기를 원한다. 그것은 지극히 정상적이며 자연스러운 현상이다. 한쪽은 행복으로 가는 길이 있고, 다른 한쪽은 불행으로 가는 길이 있다.

많은 사람들이 행복은 원하면서도 행복 길로 운전을 하지 못하고 불행 길로 운전을 하면서 행복하길 바라는 잘못을 범한다. 많은 사람이 만족하지 못하는 주된 이유는 우리의 마음속에 잠재해 있는 자신을 남과 비교하는 비교심리가 우리를 불행의 늪으로 빠지게 한다.

18. 할례

　어느 작은 마을에 천주교 성당과 유대교 회당이 들어서 있었다. 성당과 회당은 가까이 있었고 신부와 랍비는 서로 친하게 지내기 위해 차를 공동으로 구입했다. 새 차를 구입하여 길가에 세워놓고 두 사람은 각각 집으로 들어갔다. 잠시 후 랍비가 밖을 내다보니 신부가 차에 물을 뿌리고 있었다.
　"신부님, 아니 깨끗한 새 차에 왜 물을 뿌리고 계십니까?"
　"예, 나는 성수로 이 차를 축복하고 있습니다."

　그러자 랍비가 잠시 생각하더니 안으로 들어가 전기톱을 가지고 나왔다. 그리고 자동차의 배기통을 한 5센티 정도 잘라냈다. 신부가 깜짝 놀라며 물었다.
　"이게 무슨 짓입니까?"
　"나는 이차에 할례를 행하고 있습니다."

＊ 나 자신은 특별한 인생이다. 이 세상에서 우리는 참으로 귀한 존재이다. 나와 똑같은 사람이 이 세상에 있는가? 아니다. 나 밖에 없다. 이 세상에 나와 똑같이 생긴 사람이 누가 있는가? 나 자신은 독보적 존재다.

귀한 것은 국보도 되고 보물도 된다. 나는 귀한 존재다.
"자부심을 갖자. 자부심은 내가 나를 좋아할 수 있는 시발점이 되기 때문이다."

19. 세 종류의 성도들

첫째 : 노 젓는 배의 성도-그들 자신들이 가고 싶은 곳으로 밀어야 움직이는 성도들.

둘째 : 범선에 오른 성도-자신들의 의지로 가는 것이 아니고 언제나 바람을 받아야만 가는 성도들.

셋째 : 증기선의 성도들-그들 자신이 가야할 방향을 잡았으면 비가 오거나 바람이 불어도 어떠한 어려움이 있어도 요동치 않고 달려가는 성도들.

＊ 부정적인 생각에 사로잡혀 있는 인생은 패배와 실패, 그리고 꼬인 인생을 살게 된다. 안 된다는 부정적인 의식은 우리를 그쪽으로 몰아가 보통 수준 이상의 어떤 것도 만들지 못하게 하고 만다.

모세는 80세에 이스라엘 민족의 해방을 위하여 자신을 바쳐 인생의 새 출발을 결심하게 되었고, 갈렙은 85세의 늙은 나이에 "저 산지를 내게 주소서" 라고 그의 열정을 바치기로 나섰다.

꿈과 비전이 있는 인생, 그리고 그 꿈을 이루기 위해 최선을 다 하여 노력 한다면 그 속에 참된 웃음이 있게 된다.

20. 물 부었네

　우리나라가 한참 가난했던 시절 보릿고개를 넘기기가 어려울 때 어느 목사님이 가난한 어느 여집사 댁에 심방을 갔다. 여집사는 모처럼 심방하신 목사님을 대접하느라 아끼고 아끼던 쌀을 꺼내 정성스럽게 밥을 지어 대접하게 되었다.

　목사님도 오랜만에 보는 쌀밥인지라 너무도 감사하게 밥상을 받았다. 그 집의 꼬마 아들이 이 광경을 보았다. 한 해에 한두 번도 먹어보기 힘든 쌀밥을 보자 엄마에게 칭얼대며 쌀밥타령이 나왔다. 이때 엄마는 귓속말로, "목사님이 남기실 거야, 남기시면 너 줄게, 잠간 나가 놀다와." 하며 아이를 달랬다. 그러나 아이는 나갈 정신이 아니었다. 문틈으로 들여다보며 목사님이 밥 남기기를 고대하고 있었다.

　목사님은 큰 숟가락으로 푹푹 밥을 푸니 아이의 입은 바짝바짝 마르고 있었다. 이때 엄마는 "목사님 시장하셨을 텐데 다 잡수세요." 하는 것이었다. 아이는 엄마의 이 말이 얼마나 원망스러웠는지 아이쿠! 아이쿠! 하며 속을 졸이며 기다렸다.
　이때 목사님은 "예, 많이 먹겠습니다." 하더니 밥사발에 물을 부어 버렸다. 문틈으로 이 광경을 보던 아이 "엄마! 물 부었네." 하며 울더라고.

21. 오른편 뺨

어느 청년이 성경말씀을 읽었다. '나는 너희에게 이르노니 악한 자를 대적치 말라, 누구든지 네 오른편 뺨을 치거든 왼편도 돌려대며'(마5:39) 라는 말씀을 읽고서 그 말씀대로 실천해 보리라, 마음먹고 교회로 향했다.

교회 안에는 믿음이 좋은 장로님 한 분이 성경을 읽고 있었다. 청년은 다짜고짜로 그 장로님의 뺨을 한 대 후려갈겼다. 그랬더니 그 장로님은 화가 머리끝까지 나서 노발대발하시는 것이 아닌가? 그래서 청년은 마태복음 5장 39절을 펴 보였다. 그랬더니 그 장로님은 청년의 머리를 툭 때리며,

"이 사람아, 내가 화를 안 내게 생겼나? 오른편 뺨을 먼저 쳐야지, 자네는 왼뺨을 먼저 쳤잖아, 성경 좀 제대로 읽어라."

※ 어느 때나 어느 곳에서나 이기고 승리할 수 있는 힘을 주시는 주님께 감사와 찬송을 드릴 때 우리의 마음속으로부터 충만한 믿음의 샘에서 치료와 희망의 생수가 흘러넘치게 될 것이다.

이제부터 감사하는 마음을 갖자. 아름다운 지구에서 태어난 것을 감사, 북한이 아니고 자유의 땅 대한민국의 국민 됨을 감사, 마음껏 마실 물이 있음을 감사, 신선한 공기가 있음을 감사 이 얼마나 멋진 일인가.

오늘을 감사하라

- 다음으로 미루지 말고 지금 감사하라.
- 감사하라, 그냥 감사하세요. 무조건..
- 감사 앞에는 자책감, 원망, 미움, 스트레스, 불행, 모두가 무릎을 꿇는다.
- ※ 감사한 마음은 면역기능을 높여준다.

22. 목사 사모의 재치

어느 목사가 너무 피곤하여 집에서 쉬고 있었다. 창밖을 보니 어느 수다쟁이로 소문난 박 집사가 목사네 사택으로 들어오고 있는 모습이 보였다. 목사는 그 수다 박 집사를 따돌리려고 자기 부인에게 말 했다.

"여보, 수다집사가 오는데 당신은 그 박 집사와 2층에 같이 있구려."

한 시간쯤 지나자 목사는 발꿈치를 들고 층계난간에서 귀를 기우려 보았다. 아무 소리도 들리지 않았다. 목사는 박 집사가 돌아간 것을 알고 기뻐서 큰 소리로 자기 부인을 불렀다.
"여보! 그 수다쟁이 늙은 여우를 잘 처치했소?"

그러나 다음 순간 그 수다 박 집사의 소리가 들려왔다. 목사의 소리를 못 들었을 리 만무하다. 계단을 다 내려온 목사는 순간 아내와 그 수다 박 집사의 눈과 마주쳤다. 아주 험악한 분위기가 절정에 오르는 순간이 다가왔다. 그러나 재치 있는 목사 부인은 이렇게 대답했다.

"네, 그 여인은 돌아 간지 한 시간도 넘었어요. 지금은 박 집사님이 계셔요, 당신도 반갑지요?"

※ 사람은 누구나 다른 사람에게 인정받고 또한 칭찬받고 싶은 욕구를 가지고 산다. 그 욕구를 채워주게 되면 대부분 그 때야 감사하게 된다. 왜 감사한지를 생각해보면 그리 어렵지 않다. 감사하게 될 때 마음속이 훈훈해 지고 얼굴에는 웃음꽃이 피어나게 될 것이다.

눈을 뜨고 보면 이 세상에는 온통 감사해야 할 것으로 가득 차서 넘치고 있다. 우리 모두가 감사 그 자체가 되었을 때 우리의 몸은 즐거움과 기쁨으로 가득 찰 것이며 이는 곧 면역체계가 우리의 몸에 든든하게 자리 잡고 있음을 느끼게 된다.

23. 웃기는 심방

어느 목사가 자녀들은 신실한 신도이지만 할아버지가 교회에 나오지 않아서 할아버지를 찾아갔다. 마침 할아버지는 감기몸살을 앓고 있어서 할아버지의 쾌유를 위해 간절하게 기도하게 되었다.

"하늘에 계신 하나님, 오늘 우리가 모여 할아버지의 건강이 속히 쾌유되기를 간절히 바라고 기도드립니다."

이 소리를 마치자 할아버지는 기도 중에 이렇게 말했다.

"암, 그렇고말고, 당연하지."

목사는 웃음을 참고 다시 기도를 이어 나갔다.

"할아버지가 속히 건강이 회복되시어 다음 주에는 꼭 교회에 나오셔서 하나님의 은혜를 감사할 수 있도록 도와주시옵소서."

이 소리를 듣자 할아버지가 다시 대답했다.

"아니, 집은 누가 보고.? 나 못나가."

※"행복해서 웃는 것이 아니고 웃어야 행복해 진다."라고 윌리엄 제임스는 말했다.

그렇다면 억지로라도 웃어보자. 그 웃음은 당신에게 진짜 웃음의 효능을 안겨줄 것이다.

24. 집 주인

구제와 봉사에 늘 앞장서기로 소문이 난 어느 교회의 여 집사가 있었다. 어느 날 몸집이 크고 뚱뚱한 남자가 그 여 집사를 찾아와서 말했다.

"이 지방에 매우 가난해서 곤경을 겪고 있는 사람이 있어 그 사실을 알려 드리려고 왔습니다. 아버지는 일찍이 죽고, 어머니는 병이 들어 일을 할 수 없고, 다섯 명의 아이들은 먹을 것이 없어 굶주리고 있습니다. 그들은 밀린 집세 50만 원을 내지 못해서 곧 추운 거리로 쫓겨나게 되었습니다."

그 여 집사가 물어 보았다.
"너무도 불쌍하군요. 그런데 선생님은 누구신가요?"
"예, 저는 바로 그 집 주인입니다."

※ 어린 초등학교 2학년짜리 아들이 모처럼 100점을 맞았다. 이 아이는 대문 밖에서부터 시험지를 꺼내들고 "엄마! 엄마! 나 100점 맞았어! 나 백점!" 하면서 뛰어 들어오고 있었다. 이때 긍정적인 엄마라면,

"그래! 정말로 잘했다. 우리아들 최고다. 그것 봐 열심히 하니까 성적이 100점이지. 야! 아들! 뭐 먹고 싶지? 그것 사줄게!"

이렇게 말하고 칭찬 할 때 아이는 용기와 자신감이 생기고 더 열심히 하게 되는 것이다.

그러나 부정적인 엄마는,
"야! 정말이야! 네가 백점이면 너희반 아이들 다 백점 맞았지?"

이렇게 되면 아이의 마음은 멍들게 되고 그 마음은 성인이 되어서도 빈 구석을 채우기 위해 엉뚱한 발상을 하기 십상이다.

25. 거짓말

어느 목사님이 설교시간에 다음과 같이 광고를 하며 설교를 마쳤다.

"다음 주에는 설교 주제가 '거짓말'에 대해 설교를 하도록 하겠습니다. 따라서 모든 성도들께선 주제와 관련이 깊은 마가복음 17장을 꼭 읽어 오시기 바랍니다."

그 다음 주가 되었다. 목사님은 설교를 시작하기 전에 마가복음 17장을 읽어본 성도들은 손을 들어 보라고 했다. 그러자 많은 성도들이 손을 들었다. 목사가 다음과 같이 말했다.

"오늘 바로 여러분과 같은 사람들을 주제로 설교를 시작하도록 하겠습니다, 마가복음 17장은 성경에 없습니다."

＊ 웃음소리는 배에서 나오는 웃음이 가장 좋은 웃음이다. 웃음소리는 입에서, 가슴에서, 배에서 이렇게 세군데에서 나온다. 매우 즐거워서 웃는 신나는 웃음은 거의 배에서 나오는 웃음이다.

호흡을 깊게 하는 뱃속으로부터 터져 나오는 웃음은 우리의 몸 전체를 건강하게 이끌어 심폐기능이 좋아지고 신진대사가 원활해지며 긍정적인 마음을 갖게 한다.

특이할 일은 웃음소리에 따라서 독특한 에너지가 생성되며 웃음소리가 나오는 부위에 따라서 신체의 특별한 부위들을 자극하게 되어 내면을 치유하는 힘과 효과를 보게 된다.

억지웃음도 효과는 같다.

- 15초이상 웃어야 엔돌핀이 반응
- 생각대로 뇌는 작용한다.
  좋은 생각을 뇌에 입력시키자.
- 억지웃음 15초이상 → 마음웃음으로

26. 발 치워!

어느 목사가 환자의 임종을 맞이하기 위하여 병원을 갔다. 가족들과 목사는 안타까운 표정으로 임종을 맞게 된 환자 주위에 모여서 기도를 하고 있었다. 기도를 마치고 목사가 환자에게 물었다.

"마지막으로 하실 말씀은 없으십니까?"

환자는 이 말에 대한 대답을 하지 못하고 두 팔을 허우적대고 있었다. 또 다시 목사는 환자에게 종이와 연필을 주면서 말했다.

"말씀하시기 어려우시면 이 종이에 글로 써 보시지요?"

환자는 젖 먹던 힘까지 발휘하여 몇 자 적다가 숨을 거두고 말았다. 목사는 적은 종이를 펴고 애통하고 있는 가족들에게 읽어 주었다.

"발 치워! 당신이 호흡기 줄을 밟았어."

※ 웃음운동에도 기본이 되는 운동법이 있다. 그저 신바람 나게 손뼉을 치면서 웃는 것도 좋지만 이왕이면 건강에도 더 좋고 운동도 되는 웃음운동법을 알고 실천 하는 것이 더 중요하다.

단 시간에 최대의 건강 효과를 낼 수 있고 더 재미있게 웃도록 연구하고 노력해서 만든 것이 웃음운동법이다. 웃음운동은 크게 세 가지로 나누며 단순하기 때문에 누구나 쉽게 배우고 익힐 수 있는 것들이다.

첫째 크게 웃고,
둘째 길게 웃고,
셋째 온 몸으로 웃는 것이다.

하히후허호 웃음의 의미

아하하하 (심장을 강하게 하여 주는 소리)
이히히히 (위장을 튼튼하게 해주는 소리)
우후후후 (간장을 강하게 해 주는 소리)
어허허허 (폐 기능을 활성화하는 소리)
오호호호 (뱃살을 제거해 주는 기능)

27. 독립운동가의 소원

한 독립운동가가 죽어서 하나님 앞에 가게 되었다.
하나님은 독립운동가로서 공이 인정된다며 이렇게 말씀하셨다.
"자네의 업적과 공이 뛰어나 내게 한 가지만 소원을 말하면 내가 들어 줄테니 말해 보거라."

그러자 그 독립운동가는 이렇게 말했다.
"우리나라의 장래를 위하여 세계적으로 유명한 과학자 다섯 명만 한국에서 태어나게 해 주십시오."
그의 소원대로 에디슨, 갈릴레오, 뉴턴, 아인슈타인, 퀴리 부인이 한국에서 태어났다.

세월이 수년 지난 후 그 독립운동가는 다섯 사람의 소식이 궁금하여 수소문을 했다. 그러나 다섯 명 모두가 실업자로 살고 있는 사실이 밝혀졌다. 이상하다 싶어 그 이유를 알아보았다.

에디슨은 그의 재능을 발휘하여 많은 발명을 했으나 학력이 초등학교 중퇴라 취직을 할 수 없었고, 아인슈타인은 수학은 귀재였으나 다른 과목이 낙제였고, 뉴턴은 열심히 논문을 작성했으나 대학에서 그의 논문을 이해하는 교수가 없어서 졸업을 못했고, 갈릴레이는 대학의 부조리를 꼬집다가 문제 학생으로 찍혀 사회생활의 꿈을 접어야 했다. 퀴리부인은 대학은 우수한 성적으로 졸업했으나 외모가 추해서 면접에서 낙방하고 말았다.

> 행복은 재수가 좋아서 저절로 생기는 것이 아니다.
> 긍정적인 말, 행복한 생각, 그것이 생활화 되면 행복한 기분이 샘솟고 마음이 유쾌해지며 좋은 말을 하는 습관이 몸에 밴다.
> 그러면 남은 것은 성공이다.

＊ 우리나라는 GNP가 3만 달러 시대를 바라보고 있는 경제적으로 곧 선진국 대열에 들어갈 위치에 있다. 그러나 아쉽게도 경제가 침체위기를 벗어나지 못하면서 자살증가율이 세계에서 가장 높다고 하니 우리나라의 큰 문제점이 아닐 수 없다.

이러한 통계는 경제적으로는 우리가 성장하였지만, 살기가 괴롭고 고달프며 스트레스가 많다는 것을 의미한다. 그러나 생활의 빈곤이나 어려움이 꼭 자살율과는 상관이 있는 것은 아니다.

과거 6.25동란 때나 전후의 그 어렵고 복잡했던 시기, 한 끼의 끼니가 없어 풀뿌리를 찾아 산과 들을 헤매며 며칠씩을 굶어야했던 그 시절에도 지금처럼 자살률은 높지 않았다.

살기가 어려운 이유보다는 정신적으로 고달픈 것이 자살의 큰 이유 가운데 하나라고 생각한다. 자살률이 높은 까닭은 빈부의 차이가 더욱 심해진 양극화 현상이 두드러지고 이로 인한 상대적 박탈감과 비교심리가 큰 작용을 했다고 본다.

감사를 생활화합시다. 인생을 건강하고 행복하게 살기를 원한다면 감사를 생활화하고 체질화해야 한다. 우리는 대개가 엄청나게 큰 것이 나에게 임할 때 감사를 표현한다.

그러나 감사를 생활화하는 사람은 작은 것이나 큰 것이나 어떤 것에도 감사하게 된다. 그렇게 하는 사람에게는 일단 얼굴의 표정이 달라지고 만면에 웃음을 띠게 된다.

28. 기도

한 동네에 엄청난 홍수로 물이 불어나 온 동네가 잠기게 되었다. 이때 신앙이 좋기로 소문난 김 집사는 간절히 기도하기 시작했다. 기도하고 있는 김 집사는 위험에 처해 있으나 꿈쩍도 않고 기도만 하였다.

이웃사람-"여보세요? 빨리 높은 곳으로 피해야 합니다."
김 집 사-"하나님께서 구해 주실 것을 믿습니다."

이 소식을 들은 경찰이 보트를 가지고 닦아왔다.
경　　찰-"빨리 이 배에 오르시오, 위험합니다."
김 집 사-"하나님이 구해주실 것입니다."

이때 큰 물살이 김 집사를 덮치었고 그만 목숨을 잃고 하늘에 올라갔다.
김 집 사-"하나님 이럴 수가 있으십니까? 제가 하나님만
　　　　　믿고 얼마나 열심히 기도드렸는데…"
하 나 님-"네 기도를 듣고 내가 이웃사람과 경찰과 보트를
　　　　　보냈는데."

＊ 너무나 기계적으로 신앙하는 사람들에게 전하는 교훈적인 유머다. 눈치가 있으면 우물가에서도 숭늉을 마실 수 있다는 말처럼 너무나 융통성이 결여된 신앙은 오히려 선교의 길을 막고 방해하는 결과를 초래한다.

기도에는 치유의 에너지가 있다!

＊ 쾌유를 바라고 기도를 받는 환자그룹과 일반적인 환자그룹 사이에 명백하게 항생물질, 투석 등의 치료에 차이가 있었다.
＊ "의사는 마음속 깊이 환자의 병을 고치기 위해 간절히 기도해야 한다.
— 무라카미 —